靈界散步

步向光彩絢麗的新世界

大川隆法
Ryuho Okawa

台灣幸福科學出版有限公司

前言

去年我的著作《神秘之法——超越次元的屏障》（幸福科學出版，二〇〇五年）一書出版，成了年度的暢銷書，並獲得許多讀者的迴響。其中，亦有很多讀者希望能讀到它的續篇。因此，我延續了以「死後的生命」為主題的前作，而以「死後的生活」為主題寫作，出版了這第二部作品。

《靈界散步》確實是不可思議的標題，然而對我來說，靈界的體驗就像是到院子裡散步般的自然感覺。不過對許多讀者而言，本書可能會是導向充滿眩目光芒、讓人目不暇給的新世界的導引書籍。關於本書的內容，是我毫不保留地把自己的親身體驗、真實想法如實寫下的。本書的內容，在三十世紀時將會成為科學的常識。

諸位如果能以這本《靈界散步》當做今年秋天上映的電影《永遠之法》的導覽書，將會對大家有所幫助。

二〇〇六年三月

幸福科學集團創立者兼總裁　大川隆法

靈界散步　目錄

目錄
Contents

第三章 不可思議的靈界（質疑之問與答） 127

第一章

靈界的啟程

1 死後的世界確實存在

人為何有「生、老、病、死」之四苦？

我的著作《永恆的生命世界》（台灣幸福科學出版，即將出版），中心論點主要就是「從世間移向靈界」。

在《永恆的生命世界》的前言裡，我寫道：「喬達摩．悉達多（釋尊）出家，是為了探求『人類為何有生、老、病、死這四苦』的答案。」「本書就是針對釋尊的疑問提出答案。」

《永恆的生命世界》一書追溯到釋尊的時代，內容回答了釋尊出家當時的疑問。

釋尊出生於印度半島中央部分迦毗羅衛國（Kapilavastu）不遠的倫比尼（Lumbini），就在釋尊母親娘家附近。釋尊的母親在返鄉途中生下了他。現今這個地區為尼泊爾屬地，靠近鄰近印度的國界。但尼泊爾及印度都認為迦毗羅衛國的遺跡在自己國內，到底哪一邊才是真的遺跡，兩國為此而爭執不下。

以現在的地理概念來看，迦毗羅衛國的範圍可能相當於北印度地區，但在釋尊誕生的時代，似乎被認為是位於印度的中央部分。

釋尊出家之後，在恆河中游地區的摩揭陀國和拘薩羅國等地活動，也就是以一般被稱為「中印度」的地區為中心。

釋尊出家之際最大的疑問之一，就是關於「生、老、病、死」這四苦，也就是「人類為何會誕生、老化、生病、死亡」這個問題。或許也可以說是對人生的存在產生疑問。

這就是釋尊出家時要尋找答案的問題。關於這個問題，我已在《永恆的生命世界》一書中，試著以各種不同方式提出了答案。

肉體會死亡，人能前往靈界是件幸福的事

《永恆的生命世界》的第一章〈死亡之下，人人平等〉中，提及了生命的不可思議，同時也明確點出了「人是百分之一百會死亡的存在，誰也無法逃避死亡。」

因此我們就要建立「人終有一死」的人生觀。我在書中提到了「人必須建立『自己終究會死亡』為前提的人生觀。」

我反覆的告訴人們「死後的世界確實存在」。除非像我這樣具有靈

性體驗的人來說明這一點，否則是沒有說服力的，因此我想透過各種機會提醒人們。

人誕生於世間，會執著於世間的生命，「想活到一百歲甚至三百歲」，如此想法會變得很強烈。但是如果真能在這個世界活上兩、三百年，其實是很麻煩的。親朋好友們大家都死了不在人世，如此情形會讓人感到悲傷。

若問「人是什麼？」、「人生是什麼？」我想，其實就是自己一生的記憶。

一個人活著，如果一直埋藏著古老的記憶，就會難以適應、應對新的時代。

隨著年歲增長，常有人忘了最近的事情，幾十年前的事情卻會清晰地浮現腦海。「孩子還小的時候、自己還年輕的時候的事，或是三、五十年前的事情，回想起來好像昨天才發生，可以重覆說個沒完沒了，但是最近十年左右的事卻記不太起來。」年紀愈大，這類的事情似乎愈來愈多。

死亡雖然是悲傷的事，但是如果以更長遠的眼光來看，各位必須知道：「肉體會死亡，但能前往靈界，卻是件幸福之事。」

因為墮胎，造成許多人生的混亂

人做為嬰兒呱呱墜地，誕生到了世間。死亡離開人世時，也會依依不捨地涕零，身邊的親朋好友們也會哭著送終。然而，這在某種意義上是對生死有所誤解。

嬰兒哭泣著生下來，這會讓人有著不可思議之感。高興得笑著出生不是很好嗎？為什麼要哭著來到世間呢？

事實上，嬰兒在母親懷胎十月的日子裡，一直在黑暗中等待著出生時刻的到來。那時，有孤獨的悲傷，還有「不知能否安然出生」的不安及恐懼，這些都會在出生的那一刻得到解放，那種喜悅，只能以哭聲盡情地表達出來。

這種不安的心情，不僅是在被母親懷胎時出現，在轉世前，其靈魂在天上界和父母親訂下親子關係的約定，在為轉世做準備時，也會為自己能否安然無事地誕生到世間而擔心。

尤其像在現代日本這類墮胎嚴重的國家，即使於靈界時有過親子關係之約，但當投身時，卻有很多做父母的人想把孩子拿掉，所以最後能否順利地被生下來，做嬰兒的靈魂實在無法知曉。

有些懷孕了的母親認為：「雖然懷孕了，可是還有工作要做，便把孩子拿掉。」父親認為：「我根本不想要小孩。」因此，這樣的案例時有發生。當嬰兒的靈魂，在遇到被拿掉的危機時，會吶喊：「你們在做什麼傻事啊！」卻得不到父母的回應。

古時的日本，把胎兒視為母親身體內臟的一部分，因此並不把「丟棄胎兒」視為一件很嚴重的事，也不太有罪惡感。

也因此，就這個層面來說，少子化的主要原因在於墮胎問題上，所以這種現象是可以改善的。

由於墮胎，致使許多人對日後的人生產生了混亂，這實在是件棘手的問題。

儘管有些人是因為無能為力而做出了這樣的選擇，但我認為，彼此相愛的人，如果有了愛的結晶，就應該盡可能把孩子生下來，並且撫養長大。

雖說「養育一個小孩，至少也要花上三、五百萬」，然而，這樣的費用也並非是一筆怎麼樣都難以籌劃的數目。如果是彼此相愛而有的愛情結晶，就一定要把他生下來，在媽媽肚裡的孩子也是這麼想的。

死後離開世間好似前往靈界的開學典禮

人來到世間是哭著被生下來的，死亡的時候也會感傷，動物對死亡也同樣有悲傷的情結。

死亡為何令人感傷呢？

這是因為人活在世間數十年，覺得這個世界「比想像的要舒適」，因而對這世間產生了執著心，對於自己熟悉的家庭、親人、朋友等等都有難以忘懷、依依不捨的感情，所以會感到悲傷。

死後離開世間，在某種意義上就是一場開學典禮。就像是「從幼稚園升上小學」一樣的開學典禮。不過，比較具有和過去告別的斷絕感。關於死後的世界，無論事前聽過了多少，如果不親身經歷死亡的階段，就很難確定有這樣的世界存在。

譬如：小孩子在收到小學寄來的入學通知時，還不會有入學的實際感受，如果沒有經歷「穿上制服、背書包、走進校門、參加開學典禮、聽校長的致詞和接受學長學姊們的迎新」等，就不會有真實的感受。

同樣，關於死後的世界，即使聽到了和讀到了許多知識，但也只能像收到了入學通知那樣，無法產生真實的感受。

在某種意義上，這或許是無可奈何的事，這也說明，人們在這個世界上生活了幾十年，已經把本來世界的記憶忘掉了。

儘管有無可奈何的一面，但我們應該盡可能將「死後的世界是實相的世界，這個世界是虛假的世界」這種佛教的實相觀，植入心頭不忘。

在任何時候都抱持著死而無悔之心

「在任何時候都要抱持著死而無悔之心」，是佛教覺悟的理想。

釋尊曾反覆地教誨人們：「世間是不知何時就要與之別離的世界，是無常的世界。當離開了世間，便可以返回到原來的世界，所以要抱持著何時離開都不後悔的生活態度，要捨棄對世間的執著。」

從生與死的靈性實相來看就可以知道，這是多麼正確的教誨。

佛教明確地闡述了「對於生的執著，會妨礙前往死後的世界」但是除了佛教以外的宗教，到底有沒有什麼教義講得像佛教如此明確呢？雖然世上的宗教很多，但是否還有其他宗教的教義能夠像佛教一樣，如此清楚靈性實相呢？

即使釋尊的時代已經過了兩千五百年，但只要觀察現今人們的生活態度，以及如何對待死亡問題，便可一目了然「世人對世間的執著，果真是一大問題」。

如果做了「斷世間執著，入安祥世界」的心靈修行，心靈便可入涅槃世界。

若是沒有經過修行的人，由於對世間心存執著，所以很難順利前往靈界。

如果是不相信世間之外還有靈界存在的人，或覺得如果真有靈界存在，反而是對自己不利的人，可以斷言「此人必定墮入地獄」。請各位回顧己心，假如在自己內心深處，有「如果靈界真的存在，自己就糟糕了」的想法的話，我就要提醒你：「你處於危險狀態。」

認為「靈界真實存在，沒必要恐懼」的人，可以說此人大致上過著正確的人生。反之，擔心「若有靈界，自己將沒有好去處」的人，就需要嚴格地反省。因為，等死後才開始反省，將會非常痛苦。

從靈魂的角度來說，人死後進入靈界，與其在靈界做反省修行，不如以肉身在三次元物質世界，追求靈性世界的覺悟來得尊貴。

「生於世間，相信肉眼看不見的世界，並為體悟真理而生。」這是可從今世修行中獲得的珍貴教訓，但願人們在今世能掌握到這個真理。

這就是佛教教誨的要點，其實很簡單，也匯集成了經文，流傳至今。佛學者或僧侶何其多，但許多人把握不到這個基本，不懂這簡單的真理。要理解這個真理，就必須將以「世間為中心」的想法，調整到立足於靈界。

在世期間的人生態度會在死後得到判定

佛教反覆倡導「諸行無常」、「世間是虛幻的世界」。

意思是說：「靈界才是本來的世界，世間就好比是去海外旅遊一樣，只是暫時的。靈魂轉生做為嬰兒出生後，開始了人生修行，會遇到各種人，也會經歷各種經驗以打造新的人生，培養新的個性，最後再返回靈界。人的靈魂就是為了做這樣的修行，才來世間的。」

這是正確的人生觀。然而，在學校的教科書或參考書中，對此隻字未提。因此，造成許多「那只是陳舊的思想、是迷信」的看法。

然而，事實是嚴酷的，人死後，將依照真理價值，對此人在世間生活時的心念、想法和行為做出正確的評判。

對此，並非僅有佛教講過，古埃及的宗教也曾有類似的教義，「是善人還是惡人，死後都將受到正義之秤的評判。記錄其結果的神名為托斯神。」這些被描繪在埃及的壁畫上。

此外，古代伊朗的宗教也同樣。在瑣羅亞斯德教的教義中寫道：「前往靈界時，要走過一座審判之橋。如果是惡人，那座橋的橋面會變成刀劍般窄細的利刃，此人就會掉落橋下。如果是善人；便可以順利過橋。」此即說明了要到達靈界，需要經過嚴格的裁判。

這類教誨，散見於各處。

然而，現代知識人卻認為：「那些故事或迷信，只不過是為了讓人止惡行善的道德勸說罷了。」但是，這種想法是錯誤的，那些都是實話。

複雜的學說未必是真實，單純的才是真理。請各位要相信「那些單純的教誨即是真理」。

2 死後不久，肉體的影響尚暫留於靈體記憶中

不可只執著於世間生命

近來，與器官移植相關的問題，在社會上廣泛被討論。

若從唯物思想的觀點來看，「移植器官可救很多人，從已死亡的人身上取出器官，移植到另一個人身上，有何不妥？」這種想法很容易理解，也能了解其中存有愛心。但我卻不得不指出，「這是一種完全不理解靈性實相的想法」。

然而，世上知道什麼是「人真正的死亡」之人寥寥無幾，所以在這

依靠多數表決做決定的世界中，難以依據靈性真相去做事。

正因人們不知死後的世界，所以才能讓人專心在這世間努力做世間之事。如果所有的人都能輕易地認識死後世界，導致對靈界過度嚮往也不太好，所以不讓人們看到死後的世界，也有一定的道理。

然而，人們不可過於執著世間生命。人生於世間，應做力所能及之事，持符合神佛之心的生活態度，至少在自己的人生中獲得覺悟，如此便足夠了。

在這層意義上，「知足」很重要。

在這世間，除了「生、老、病、死」四苦之外，尚有「怨憎會苦」（與怨憎之人相遇）、「愛別離苦」（與相愛之人別離）、「求不得苦」（欲求之物不能得）和「五陰盛苦」（五官煩惱如火燃）。世間之人很難從四苦八苦當中解脫出來。

要想脫離苦海，最為重要的是持有靈性人生觀，從實相世界的觀點重新看待世間。

仔細閱讀佛教教義就可以發現，雖然「世間是一個痛苦的世界」的說教，但最終還是要透過各種形式告誡人們要「斷執著」。

如果僅認為這是道德之說，其意義也就到此為止。然而，這實際上是從世間到靈界，前往異次元時不可或缺的真理實踐。

宇宙火箭在衝出大氣層前，需要卸掉各種裝備，與此相同，要想返回高次元，就必須盡量放棄屬於世間之物，必須捨棄世間性的執著。

器官移植須已知曉靈性真相為前提

如果器官的提供者能夠沒有執著之心，做為施愛的舉動，以純粹的心將器官捐給他人，或許並不屬於惡事。

然而，實際上絕大部分的人，在死後無法立刻覺察到自己已死，沒辦法很順利地前往靈界，在短期間內，會陷入一種不知所措的混亂狀態。

即便此人在生前曾說過「要把器官捐給他人」，但並非說明此人對自己的器官沒有執著之心。絕大多數人因為對肉體的執著意識，當器官被移植到他人身上時，靈性的部分也會同時附在他人肉體上。

對於接受器官移植的人來說，在得到器官的同時，肉體也被另一個靈魂附身了。有許多案例是器官移植後，病人的人格也跟著轉變了，對此須先了解靈性真相為好。

器官移植常發生「排斥現象」，也有許多「性格變了」的例子，其原因在於此人的肉體被器官提供者的靈魂附身占據了，而且這個附身靈很難趕走。這個靈會堅持認為「這個器官是屬於我的」，由於其主張具有一定的正當性，所以很難被趕走。

靈魂與肉體之間，有一條「靈子線」（Silver Cord）一對一相連接。接受器官移植的人，由於這個器官與他人的靈魂尚有連接，所以會表現出雙重人格。

如果提供器官的人，是個天使一般的善人的話，其結果還好，但從靈性的角度來看，許多情形未必都能從善人那裡得到器官。例如：移植了黑幫械鬥遭槍擊而腦死之人的心臟的話，結果真是不堪想像，恐怕此人日後的人格會有相當程度的變化。

在這層意義上，惡人的器官還是不要的好，因為一旦接受移植，對方的邪惡人格就會跑到自己身上來（據說，在中國，死刑犯的器官都會捐贈給別人）。

靈魂即使沒有器官移植，也照樣可以附身到他人身上，更何況有器官移植做為媒介，附身就更容易了。特別是那種強烈執著「要繼續活在世間」的靈魂，一旦有了移植之便，就會附身到別人身上，因為意識和器官都在別人身上，故賴著不走。

如果不知靈性真相，貿然做器官移植的許諾，便是一件很恐怖的事。如有意願提供或接受器官，須已充分知曉靈性真相為前提。

某作家和某演員死後的靈魂樣態

各位須知，人類死後，未必立刻就能明白了解到肉體與靈魂已完全分離的感覺。基督教的錯誤就在於此。基督教立足於笛卡爾所倡導的「靈肉二元論」，認為「靈魂與肉體是完全不同的東西，彼此沒有關係。」

然而，事實並非如此。就這一點而言，佛教對此較為詳盡，從表面意識到最深層意識之間，存在著多層精神構造，表層則與肉體意識互通。由於靈體有如此構造，所以受到肉體的影響也相當大。

雖然人死後，偶爾有些靈魂能順利返回靈界的上層世界，但一般來講，並非那麼簡單。即便生前熟知靈界，但在初次體驗進入靈界時，終究還是會感到害怕。

以前幸福科學有位本部講師，作家K．T先生死亡後，我曾與他的靈對話過。

他生前已經學過關於死後世界的事，擁有這方面知識。但對於他來說，由於火災死亡事故來得太突然，死後他的靈常來訪問我。事情發生在半夜，香菸的火苗不知道點燃了什麼，導致發生火災，他因一氧化碳中毒而昏迷不醒。由於冬季天乾氣燥，室內空氣被燃燒殆盡，因此而過世了。死後，他的靈來到我這裡，大概逗留有一個月之久，返回靈界似乎不是很順利。

他的靈常出現在我家的浴室或洗手間等有水的地方。因此我問他：「你常出現在有水的地方，這是為什麼呢？」他說因為在大火中喪生，死時口很渴，非常痛苦，因此常在有水的地方出現。

現在，他已返回到靈界天使後備成員的世界去了。

另外有位演員N．K先生，以前也是本會的本部講師，他往生後拜訪過我，他傳達給我的訊息是：「往後內人和小女就拜託您了，我已無其他執著了。」我回答說：「她們兩人的經濟穩定，沒問題的。請放心吧！」不久後，他的靈就返回靈界去了。

某眾議員過世後，其靈隔天早上來道別

在二〇〇四年，前眾議員也是幸福科學信眾的M．H先生往生了。他在夜裡過世，凌晨四點過後，我感覺身體不適而醒來，當時覺得「怎麼了呢？有些不尋常。」那時候我並不知道他已經死亡，因此不知其原因。至早上六點四十分，我才知道是M．H先生的靈來向我道別。

雖然我並沒有和生前的他面談過，但依他死後來道別看來，可見他具有信仰心，他的靈是想來向我傳達訊息的。

他是沉默寡言的人，通常靈會主動說話，但他卻不發一語。一般的靈講話的口氣通常是「唉呀呀，我……，」因此來訪時很容易發現，但他卻不發一語，因此我沒有察覺到他的來訪。

後來，我便理解到「出現在自己身體的不適，是他過世時的狀

態」。雖然他是在醫院過世的，但我感受到他臨死前的狀態。

人在死後一到兩天，靈魂還是會保留死亡過程的身體狀態。因此，即使靈子線已斷，其靈魂來到我這裡，也會在我身上顯現出其人死時的症狀感受。

這並非是我的身體有了異樣，而是附在我身上之人的症狀感受。他人的靈體進入我的身體，此人的症狀就會同樣在我的身體上表現出來，因此我能知道「此人是在怎樣的狀態下死亡的」。

人擁有「安寧地前往靈界的權利」

在二〇〇三年夏天，我的親生父親善川三朗，也就是幸福科學的名譽顧問過世，其歸天儀式我全程都在場。

在準備歸天儀式的時候，名譽顧問的靈提出了許多意見，讓我感到相當困擾。他會對列席儀式的人們做挑選，例如：「那個人很討厭」、「那個人很好」；或對花飾、棺木的細節，也左一句「很好」、右一句「很糟糕」，因為意見很多，所以讓大家很辛苦。

當時，我有冰涼的感覺，因此覺得很奇怪。亡者下地獄的話，常會讓人覺得寒冷，但名譽顧問不可能下地獄去，因此讓我覺得很奇怪。

後來聽人說起才知道，由於是夏天，所以棺木裡頭添加了乾冰。當靈子線還與肉體連結著的狀態下，乾冰的冰涼感覺自然會傳達給靈魂，於是這個冰涼的感覺也傳到我這裡來了。最初雖然我不知道自己感到冰涼的原因，但當得知「讓人感覺冰涼的原因」，於是便釋懷了。

再譬如：死亡前曾打點滴，那麼打點滴的感覺便會傳給靈魂。因此，死亡不久，靈魂會保持與肉體相同的感受。

人在剛過世時，肉體和靈體仍然是重疊的狀態。在如此狀態下，被取出器官，移植到他人體內的往生者想要返回靈界，無疑會受到阻礙。

剛過世的人，內心沒有餘裕去接受這個事實。死後能直接返回靈界尚好，但一般人沒有如此覺悟。因此在舉行葬禮期間，過世之人的靈魂還會在守靈和告別儀式的現場、火葬場流連忘返，一直聆聽親屬們的交談等。

雖然常言說：「死者的靈在死後四十九天之內，還會在世間逗留。」但實際上，靈很少會逗留四十九天，大約兩個禮拜就會前往靈界。在此之前，大多數情形是靈魂在注意聽家人的交談，並不會立刻前往靈界。

儘管有人在生前深知靈界的知識，但「死後絲毫不猶豫地直返靈界」的情況實為罕見。畢竟會擔心「今後家屬們會怎麼樣」等，或想知道「他們在說些什麼」，因此會注意聽他們的交談。

每當我看到這樣的情形，總想勸解他們不要做此無謂的事，要相信靈界是真實的世界。雖然已經沒有世人的權利了，但靈魂擁有「安寧地返回靈界的權利」。

「幸福科學式葬禮」，重要在於說法

剛過世的人，對於「自己無法跟世人說話，對方聽不到自己的聲音」這樣的事，會焦急、不甘心和感到遺憾。

因此，有些靈人知道我能和靈人對話，便會前來對我說：「希望您能幫我傳達訊息。」

不過，由於我的周圍有結界，一般靈人沒辦法進入，通常會被結界攔截彈出去，偶爾會有靈力較大的靈，會突破結界進入。

即便是我的親戚，過世以後也無法到我這裡來，過了一、兩年之後，我才知道某位親戚已經過世了。後來，那位親戚的靈告訴我：「完全看不到我的身影，不知道我在哪裡。」因為我的周遭有保護膜一般的結界，因此靈無法看到我。

一般而言，靈是無法訪問我的，但像是K．T先生和M．H先生那樣比較有力的靈人，偶爾會突破我周圍的結界。

前面我曾提到，M．H先生的靈曾和我談過話，我看他似乎要表達謝意，他說：「很感激幸福科學的支持。」

此外，還說了「日本的未來就拜託您了」等，他身為政治家，還說了各方面的建議。他說：「往後這三十年左右，日本動態會是朝著大川先生的發言發展，因此萬事拜託了。」

總歸來說，他想傳達的主要內容就是要表達謝意，以及「雖然我希望我的葬禮能在幸福科學的精舍，以幸福科學的儀式來舉行，但一定會有很多政治家和媒體記者來參加葬禮，將造成不便，不得已只好在寺廟舉行了。因此，我希望能以大川先生的說法取代葬禮儀式。」

為此，我講述了有關靈界的法話，以作為幸福科學式的葬禮。

靈性現象對我而言就是如此真實。我身邊的人們都對靈性現象有真實的感受。

隨著與我的距離疏遠，人們對靈性現象逐漸變得不太了解了。絕大多數的人只能透過文字閱讀或影音資料來學習，能獲得的感受著實有限。

但現實是，世間存在著肉眼看不到的世界，有許多事物皆與靈界產生連動，世間生活實際上是短暫的。

我自己也常覺得自己從事的是很奇妙的工作，現今，無論是在日本還是在其他地方，應該沒有一個人能將靈界講得如此明晰。雖然世上有很多靈能者，但我認為除了我以外，沒有其他人能對靈界如此明確地把握和判定。

就這個意義來說，我的工作責任重大。

我明確地知曉所有世界，不論是世間還是靈界，我深知「依據佛神的眼該如何判定」，因此，我在具有判定何為理想之資格下，有責任解明世界的奧祕。

這也是我最大的長處，我願將之發揮，拯救世人。

3 如何供奉祖先的靈魂

須以此人能夠理解的方式傳達教誨

供奉祖先之事有其嚴峻的一面。

一個不相信有靈界存在的人，死後其靈魂將陷入苦境，不知該何去何從。所以當子孫進行祖先供養時，祖先之靈便會來到子孫那裡。

假設，祖先之靈正在血池地獄或孤獨地獄中苦苦掙扎，而世間的子孫在佛壇前做供養的話，這位祖先之靈就會感到有一條救命繩由上方垂降下來，於是抓著繩子往上爬，從地獄爬到子孫的身邊。

此時，如果子孫有法力，能夠供養祖先使其超渡，祖先便能夠得到拯救。但要是沒有這種力量的話，常常子孫反而會被祖先拖下地獄去。因此，我希望「要供養祖先，必須要先學習好佛法真理」。

如果死去之人一點都沒有靈界知識的話，即使此人聽了我的說法，也只知道這與自己的波長不合，對法話的內容無法立刻理解。世間活著的人中，有聽不懂我的說法之人，在死去的人當中，當然也有這樣的人。

所以，在供養祖先的時候，子孫必須配合亡者的理解程度，將我說的一部分教義先消化一遍，之後再以此人能夠理解的方式傳達。

要去掃墓、撚香和供飯是可以的，但在此時，你覺得此人生前的生活態度中哪些地方有問題？不管是講出來或是念在心中，要有針對性地以此人易懂的方式，傳達其所必要的真理。

提升覺悟的力量，與教團的力量相連結

如果在供奉祖先之際，感覺身體沉重、狀況變差和精神不濟，那就表示你的力量尚且不足。

如果遇到這種情形，我建議可以到幸福科學的精舍等地參加供養。畢竟光靠個人的力量，很難簡單地戰勝地獄靈。

死亡，對於人來說是一件大事，而對於不知真理的人而言，死後的世界更是一大懸案。這樣的人在死後，真的會像是「從清水寺高高的舞台突然被推落一樣，因措手不及而大為驚慌」。由於是一個既沒看過也沒聽過的世界，所以難以理解。

要供養這類人得花一點時間，沒有那麼單純。

如果供奉者自身都會因此感到異樣的話，就談不上拯救亡靈了。所

以在世間活著的人，應該要盡可能繼續提升自己的覺悟力量。

最好能夠與教團的力量相連結，否則，光靠個人單薄的力量是難以擊敗惡靈的。

供養祖先並非易事，即便要超渡一個人也是不易之事。除非當事人憶起生前辛勞，並一一反省，拂拭了世間的污穢，否則無法踏上前往靈界的旅程。

我希望當有人過世的時候，世間的人們能夠集會幫助其人反省。

4 能夠含笑死的生活態度

在《永恆生命的世界》一書中，我已經談論過許多重點了。死亡是嚴肅之事，對每個人來說，死亡都會來臨，那時能夠含笑離去是值得慶幸的。

現今隨著醫學的進步，雖說能夠延長肉體生命是一件好事，但另一方面，在病痛折磨下死亡的人也增多了，能夠死得輕鬆一點還是比較好的。在痛苦下死亡的人，於死後的一段期間，其靈魂的樣態大多不太好。

每天開朗地面對生活，直到有一天靈子線斷開，這種離開人世的方式還是比較好的。

希望在幸福科學累積修行的人，都能在死後不消一週的時間裡，順利地返回天上界。不要過於眷戀世間，希望在歸天儀式後便能回到天上界去。

為此，在生前就要努力心中不留執念，做好思想準備。在日常生活中反省，去除執著心是很重要的事。

第二章

死後的生活

1 現代人對死後世界的觀念，已變得模糊

對現代人來說，本章是一個相當具刺激性的話題。

一般人會對死後世界是否真的存在遲疑，也屬於常識性反應，這說明了現代的常識已遠離真理了。

關於死後的世界，在學校或補習班是沒有學習機會的，所以許多人會認為靈界之類的事情只是古人的想法。因此許多人不知真相渡過一生，在結果上也引發了許多是非顛倒的混亂。

關於死後的世界，無法以一本書講述詳盡，所以我想在本章中，就「人死後的生活究竟是何種樣態」，以讀者能夠理解的程度來做說明。

現代人有許多是在醫院中往生的，在人生的末期常需要醫生的照料，這也是必然的。

然而，即便醫學對「人活著的時候」有所研究，但對於「人死後的靈魂何去何從」則毫無所悉。

本來，為了回答這樣的問題才有哲學這門學問。的確，早在蘇格拉底或柏拉圖的時候，人們是了解靈界的。

然而，現在哲學卻演變為希臘語或德語的學習、歷史的學習，或演變為邏輯性思考的訓練，很遺憾，對真實的世界沒有學到手。

唯有宗教熟知死後的世界、靈界。

但宗教有各種派別。傳統宗教對於靈界解釋不清，現代宗教也玉石混淆的狀態。即便正確的宗教想普及靈界真相，卻常會被一些錯誤的觀點所擾亂，反而讓世人難以相信正確的宗教觀念。

所以從這層意義上來說，讓眾多有知識、教養並活躍在社會上的人們相信幸福科學，這本身就是增強世人信心的事情。

2 睡眠中靈魂遊靈界

連結著靈魂與肉體的靈子線

人的生與死之界線如何斷定呢？

在人的肉體當中，宿有一個形狀近似肉體的靈魂，但靈魂並非總是不離肉體，夜間睡眠時會離開肉體。

人在睡眠中，會做一些在天空飛行或被恐怖的東西追趕的夢，夢中將非世間異樣世界的事情，以天然色彩呈現出，在如此情形下靈魂大抵是到了靈界。

那麼，已死之人的靈魂離開肉體與活著的人靈魂出竅，兩者之間的差別是什麼呢？活著的靈魂出竅，其靈魂與肉體之間尚有一條「靈子線」相連結。

古人稱靈子線為「繫魂帶」，英文名為「Silver Cord」（銀線）。實際上看上去是呈現銀色的線條狀，但有時在不同光線下，看上去是略有橘色色調的銀色，這條線在肉體的頭部連結著靈魂。

一般來說，人在睡眠之時，靈魂會自然出體。倘若靈魂尚在肉體不遠處，靈子線的粗細比各位想像的還要粗，直徑大概有四、五公分左右。仔細觀察這條線，會發現像是由四、五條或五、六條的細線搓成一條似的。

靈魂可以遠離肉體至靈界，或者是到地球大氣層外活動，此時，靈子線會像蜘蛛吐的絲一樣細。很奇異，這條線完全不會斷，可以無限延伸。

很多人在睡眠中，其靈魂由靈子線連結，脫離肉體而前往靈界。或許有人會想：靈子線會不會打結，而使靈魂不能返回自己的肉體？然而，靈子線令人意外地並不會纏繞打結。即便拉到遠處、重疊纏繞在一起，也能夠穿透過去，舒展開來繼續伸展。

靈子線就是如此奇異地將靈魂連結著肉體。

睡眠中前往的靈界——夢幻之境

靈魂常可於睡眠中前往靈界。

我可以調整意識轉向而看到靈界的情形，但那些在睡眠狀態下前往靈界的人，大多是沒有知覺，閉著眼睛到處遊蕩。在靈界中有許多這樣的人，當他們遇見了令人動心之事時也會張開雙眼到處看。但當他們回到世間時，這個事就會被「翻譯」成另一種形式的記憶。

在這些人當中，有部分人會在夜晚到靈界的某一特定場所活動。他們在靈界從事著特殊的工作，並和靈界的人們有所來往。然而，起床之後幾乎都會忘記這些事情。

有一些人起床後，還能記得在夢境中遇見了親人。如果連續幾個月，在夢境當中遇見了已經過世的父母親或祖父母、兄弟姊妹……等等特定的人，就表示那的確是在靈界相會。

此外，在世間有某種特定嗜好的人，有時到了靈界也會和擁有相同嗜好的人一起交流。在靈界當中，也有人為享受某種嗜好而活。

譬如：有人有下棋的嗜好，而生前有此嗜好的人，回到靈界之後也會繼續其嗜好。世人的靈魂在睡眠中脫離肉體者，有時會來到靈界與這樣的人一同下棋。

然而，在早上醒來後，和靈人下棋的這檔事會被忘得一乾二淨，反而有時在世間下棋時，有時會突然接到靈感一般，想起新的棋法。所以說，睡覺中也會有和靈界的人們一同研究某種事物，即便人還活在世間，但仍可透過這種方式前往靈界。

一般把睡眠中前往的靈界，稱為「夢幻之境」。在睡眠時，靈魂無法前往深層的靈界，一般來說都會在四次元幽界入口附近徘迴。如果心境惡劣的人，其精神上有壓迫感的話，偶爾也會前往地獄界。雖說是地獄界，也並非是到了底層，而是在較淺層的地方徘迴。

靈界沒有世間性的時間與空間

當靈魂脫離肉體前往靈界，這個階段在醫學上被稱為「快速動眼期」（REM Sleep）。根據醫學上的解釋，睡眠期間以一個半小時為一個週期，期間有一段為快速動眼期，此時人是在作夢，眼球會不停地動。其實，人在這段期間常常是去了靈界。

人做夢的時間僅僅大約是十幾二十分鐘左右，所以大部分的情形是，即便靈魂脫離了肉體，實際上不到半小時就會返回肉體。

我常說，靈界當中是沒有世間性的時間與空間，即便是世間時鐘的十分鐘短暫片刻，在靈界也可經歷各種事物，猶如過了好幾天，遇見了許多人，累積了許多經驗，就會覺得旅行了好久。但如果以世間時間去計算的話，常常僅是過了十分鐘而已，所以，靈界的時間是無法以世間性的時間去衡量的。

由於在靈界當中並沒有時間的概念，所以在和靈人談話時，不得不透過世間性的事物來確認時間的長短。在靈界，根據工作與其內容、經驗來感受時間的長短，即便感覺有相當久的時間，但如果以世間的時間來看，也有可能只是兩三天的時間而已。所以靈界與世間對於時間的感覺有著極大的差異。

人就是在如此有生之年，時常透過夢境前往靈界，預習著往生後如何返回靈界，所以每天大約需要八小時的睡眠時間，如果不趁有生之年練習的話，死亡時就會難以順利地返回靈界，雖然是在沒有自覺的情況下進行，但靈魂即是透過如此方式，練習著如何脫離肉體。

3 不相信靈界真實存在的人，死後其心靈會怎樣？

有些人活在世上時，是頑固的唯物論者，他們堅信靈界絕不是真實的存在，不相信有靈魂的存在、也不信佛神存在，甚至認為宗教都是在騙人，世間物質之外再無其他存在，死後一切結束，沒有靈魂，也沒有心靈感受。

這樣的人死後，其靈魂是怎樣的狀況呢？

人都有靈魂，肉體死後靈魂在脫離了肉體後會前往靈界。但是，否定靈界存在的人，卻不理解自己正處於靈界，其靈體在靈界會變得像蠟像人偶一般，幾乎是處於沉睡狀態。

這就好似世上有某些人想在一個世紀後復活，於是將身體冰凍起來，這類人就如同蠶結繭一般，一直處於沉睡的無意識狀態，幾十年來都仍維持著當時死亡的樣子。

徹底唯物論者的靈魂，處於一個「無意識界」中，像是沉睡的蠶一般，維持著無意識的狀態，完全停止活動。這種不信任死後也有靈魂生命的人，如同繭中的蠶一般，屈在一個大洞窟中沉睡，無法動彈。因為他們認為靈界絕不存在，死後一切結束，所以沒辦法開啟意識，他們依這種心境結繭自縛，想不出要活動的念頭。

但是在這幾十年到百年之中，他們會一點點地改變，彷彿開始從沉睡中醒來，對自己的認識抱持疑問，開始覺得有一點不對勁。再過一段時間後，有時自己想要走出洞窟外，又有時靈界的人也會前來關心。

雖然需要花費一些時間，但靈界的人會慢慢地引導他們，讓他們逐漸累積靈界的經驗。

在靈界裡也有學校，進行重新教育，他們必須打破這唯物論，打破認為唯有物質存在的思想，並從頭接受教育。

4 天上界及地獄界皆有進行靈界教育的學校

所謂靈界的學校，不但有地獄界的學校，也有天上界的學校。對剛從世間返回靈界不久的人實施靈界教育，是一件非常重要的事，其中有很大的需求。

天使後備軍的人會在淺層地獄界教育具備某種程度的人們，即便他們有錯誤的想法，但只要接受徹底的教育後，還是可以回到天上界。

天使後預備軍的人會在學校當中教導他人，有些人雖然回到靈界，但因為生前不相信靈界的存在，所以暫時前往地獄。如果沒有相當的耐性去教育他們，他們還是不會理解，所以必須個別作多方面的教導。

如上所述，首先必須培養他們達到能夠返回天上界的標準。

此外，即便在世間時嘴上說自己沒有信仰也不相信宗教，有很多人卻有信仰的本能。

雖然日本某報紙的問卷調查中，直接詢問民眾是否有宗教信仰，僅有百分之二十、三十的人回答有宗教信仰，並能夠說出某個宗教的名字。但是，若說其他人全無信仰，那倒也未必。

這樣的人在盂蘭盆節，還會到過世祖父母的靈前上香，並且報告子孫的近況。此外，在春節時也還是會到寺廟、神社去拜拜。

雖然是下意識去做這些事，但還是相信有靈界的。由於在學校、宗教團體並沒有學習過，這方面的知識未必很充足，然而在情感層面上來說，還是多多少少相信有靈界及靈魂的存在。

這樣的人死後並非一下子就到了地獄，而是暫時前往屬於天上界的四次元、幽界上層，到精靈界附近去了。那裡也有學校，由天使預備軍授課。

對於靈界的人來說，儘管他們覺得已經上了一、兩年的課，但依世間的時間來看，並沒有這麼長，有時僅僅過了一個禮拜、十幾天，或一、兩個月而已。對他們來說感覺上了三年的國中課程，但實際上只過了四十九天而已。

他們在靈界的學校受教育，並能理解靈界的法則之後，就會被親人等的人士引領帶走，前往各自的修行場所。

所以說，在精靈界與地獄界中各有學校，通常人們在死亡之後，會先暫時前往這些教育機構。

5 在地獄界的強烈體驗

墮入地獄深處的人們會變得如何呢？

能夠進入靈界學校學習的人，就某種程度來說，其身為人的想法及生活方式還說得過去。

但是，那些直接就墮落地獄深處的人，其為人程度早已不是接受學校教育所能改變的了。這類人必須先去地獄累積各種經驗，直到自己醒悟為止。由於已沒辦法把他們集中到學校施予教育，所以必須讓他們自己感覺到厭煩，察覺自己做錯為止，徹底經歷地獄界的經驗。

這是根據個人的心態有各種各樣的地獄界，從其人心靈傾向來看，將前往念頭最為強烈顯現的世界去。這是個集聚同一習性者的世界，在此會感受到非常強烈的體驗。

除非自己想洗心革面，否則無法挽救

例如，殺了人後也不後悔的人，死後墮入了地獄，此人前往的世界是殺人者聚集的世界。在這種地獄當中，有著比自己還要殘暴的人，反過來就必須得經歷不少次自身被人殺害的經驗。遇到比自己弱小的人能夠殺對方，但遇到比自己還要強的人，只能被殺。

藉由經歷上述的經驗，直到此人自己覺悟到：「殺人是多麼令人害怕厭惡的事啊！」每天都會讓此人徹底的經歷互相砍殺的經驗。

雖說是互相砍殺，然而實際上彼此不具有肉體，所以說不上是真正的殺。儘管沒有肉體，仍會經歷苦痛，他們還是具備著持續感受苦痛的靈性神經。

在生前時常殺人、傷人，或被殺、被傷的人，彼此都有使對方痛苦的經驗。在生前沒有這種經歷的人回到靈界後，就無法體會那樣的痛苦，但在生前曾經傷過人、殺過人，就會感受到類似的疼痛。

在地獄界裡殺了人，對方也流了血，正心想：「死了活該！」對方又突然活了過來。或者是自己被殺，正心想：「我被人殺死了！」自己又活過來了。如此一來互相殺來殺去，一直無止盡的循環下去。最終他們會漸漸開始厭煩，覺得不想再這樣下去了。

就算殺了對方，對方又活過來，接下來又換自己被殺。一直重覆這樣的事情，一定會覺得厭惡，於是就會想起在生前也是過著這種生活，發現到自己是持著恐怖、憎恨、破壞之心活過來的，而覺得這種生活心態真是要不得。

如果產生了如此心境，大體上即是走向菩提心、靈性醒悟的第一步。除非此人想洗心革命，不然就無法脫離地獄界，當開始想脫離之時，就會有人來幫助，在適當的時機，和此人有緣之人就會從天上界降臨。

然而，地獄是個非常險惡的世界，要到地獄拯救靈人不是件簡單的事。就好比在世間也是一樣，要進入幫派組織裡救人也絕非易事。即便是便衣警察單獨闖入，也很有可能會遭受殺害，不會輕易前去吧！要從這樣的世界把人拯救出來是非常困難的。

所以，當事人必須先改變心態，必須要有脫離地獄界的念頭。隨著如此念頭越強烈，對地獄靈界的角度來說，力量就會稍微減弱，變成了

「善人」，在暴力為主的世界中，就等於是變得柔弱。

於是，其他人就會認為：「什麼嘛！以前那麼強悍的傢伙，現在變得這麼軟弱。」進而此人就會被殺得半死，雖然如此仍須忍耐下去。當大家都覺得此人不堪一擊，沒什麼好玩時，就會將此人忽視在一旁。如果沒有達到這種境地，就很難加以拯救了。

6 世間與靈界緊密連動

在靈界仍持續作戰的伊拉克士兵

戰爭會導致大量的人死亡，由於他們沒有心理準備，所以會暫時來到阿鼻叫喚地獄，或阿修羅界般爭鬥的地獄。

舉例來說，十幾年前以美國軍隊為首的多國籍部隊，和伊拉克軍隊爆發了波斯灣戰爭。由於當時伊拉克占領了科威特，其他國家無法袖手旁觀，而對伊拉克發動攻擊。

在這起戰爭中，據說伊拉克士兵死亡人數達十幾萬人。在短期間死了這麼多人，那個地方就會出現地獄界。有可能出現類似阿修羅界，或像阿鼻叫喚地獄般的深層地獄。

在短時間戰死的伊拉克士兵，他們當然還想要在世間持續作戰。阿拉的教義稱：「為阿拉而戰死之人，可以立刻返回天國的最高世界。在那裡美女環伺如雲，也有享用不盡的美食，美酒等。」但是這些戰死的伊拉克士兵既沒有看到美女出現，也沒有吃到美酒佳餚，因為他們認為自己還沒死，而在暗霧中繼續奮戰著。

另一方面，美軍總計大約有一百五十名士兵戰死，這樣的死亡人數還不構成地獄。這些人一個一個被接引到靈界，所以在美國沒有形成地獄。戰死的伊拉克士兵到了靈界，怎麼樣也找不到敵對的美軍，戰友倒是一堆，但就是尋不著美軍的下落。

當時是沙漠地面戰，伊拉克使用的是舊式的蘇聯製戰車，美方則使用最先銳的戰車。雖然兩軍動員的戰力被評估為幾乎旗鼓相當，可是一開戰，伊拉克的舊式蘇聯製戰車毫無招架之力，美方獲得壓倒性的勝利，伊拉克的戰車部隊幾乎全軍覆沒，美方則是毫髮無傷。

在波斯灣戰役中，美軍使用了穿甲彈，這種砲彈可以穿透伊拉克戰車的裝甲，只要一枚就可以癱瘓整輛戰車。相對於此，伊拉克戰車的砲彈，即便打到了美方戰車，也只是反彈回來而已，戰車外部雖有損傷，內部則毫無毀損。

此外，只要敵軍的戰車移動，蘇聯製的舊戰車就必須以手動遙控準心來瞄準，但美軍的新型戰車只要敵軍一移動，砲塔就會自動追蹤。

因此，伊拉克的戰車部隊當然會全軍覆沒。

近代兵器對古代人的靈魂無效

各位或許會以為，只有人的靈體會在死後前往靈界，事實上並非如此，物體的靈體也會前去靈界。只要是具有一定的形狀或機能之物，在世間消滅後，亦會出現在靈界。

伊拉克的戰車部隊在世間被消滅的同時，它們會重現在伊拉克戰死士兵所在的阿修羅界。在靈界裡，戰車仍然在移動。然而，阿修羅界中沒有美軍的戰車，所以他們找不到敵軍。

不過阿修羅界有古代的軍隊，所以伊拉克的軍隊有時會遇上古代的軍隊，這時就會發生有趣的狀況。

伊拉克士兵們會在戰車內發射砲彈。在他們心中砲彈是存在的，所以砲彈就出現了。

以這種武器和弓箭時代的古代人交戰，戰況會如何呢？伊拉克戰車的砲彈落在古代人身旁，然而，應該要爆炸的卻沒有動靜。他們會覺得奇怪，於是又再發射攻擊。不過，就算一直射擊，砲彈就是不會爆炸。

這是因為古代人並不認識戰車和砲彈，他們完全不知道伊拉克士兵在做什麼。古代人忖度著：「為什麼有箱型的東西跑來跑去？飛過來的圓形物體又是什麼呢？」他們不知眼前為何物，所以不覺得害怕。在靈界當中，如果遭受不知道的武器攻擊，是不會造成傷害的。

因此，在靈界要和古代人交戰的話，丟石頭可能還來得比較有效。如果丟石頭又使用刀槍弓箭，他們是一目瞭然的。但如果以戰車發射砲彈的話，對古代人而言一點感覺也沒有，根本不知道發生了什麼事。

即使看到飛機飛過來，只會覺得有一隻大鳥飛過來，看到砲彈，也會以為那是一坨鳥糞而已。因此，砲彈在他們面前不會爆炸，根本完全不會受到任何傷害。

在靈界，古代人完全不會使用近代武器，他們只會進行肉搏戰，方法不出徒手互毆、使用刀劍。這樣的交戰方式，古代人很容易就能理解。古時候是以這種方式打仗，所以他們知道受傷的話會流血、會痛。但他們沒辦法理解那種未曾經歷過的兵器。

如果伊拉克士兵運氣好，在靈界遇到了第一、二次世界大戰戰死的德軍，由於德軍也知道戰車的威力，所以雙方就會以砲彈互相展開攻擊。伊拉克這邊使用比較現代的蘇聯戰車發射砲擊，德軍也使用舊式的德製戰車迎頭回擊，於是彼此都驚恐不已，互相一邊尖叫，一邊發射砲彈。

所以，如果雙方都認識彼此的兵器，就會有殺傷力，但如果不認識，就不會有任何效果出現。現在世間的兵器，地獄界中幾乎都看得到，但對於不認識這些武器的人來說，是一點效果都沒有的。

現代人因為都認識原子彈，在現代人所在的地方引爆原子彈，現代人知道威力，所以會遭受傷害。然而古代人可是一點也感覺不到，因為不認識原子彈的威力，所以完全不受影響。

在地獄界裡，既會出現戰車，也會出現各種武器。對於那些認識機關槍為何物的人來說，一定會感到害怕，但對不認識的人而言，可是一點也不覺得有什麼。

這就是靈魂世界的樣貌。

被拆毀的世間建築物，會出現於靈界

在靈界，也會出現世間的建築物等等。一棟建築物在世間被拆毀後，有時它會以原來的外觀出現在靈界。

例如，拿美術館來做比喻，創設美術館的人，是懷著怎樣的心情建造它呢？經營美術館的人，是以何種心態在經營呢？而在美術館展示的藝術作品，是天國性質的、還是地獄性質的……等等，這些條件的總和，便造就了這座美術館的靈性波動。

如果美術館的天國性質感覺非常強，當它變老舊被拆掉，在原地重新打造新建築物時，原本老舊的建築物就會完整出現在波長相當的天國次元中，並且和這座美術館波長相近的靈人們，就會經常進出於其中。

在原本美術館裡展示的畫作，如果是天國性質的畫作，也會在天國的美術館裡呈現，這些畫作的幽體部分會清楚的呈現。

然而，原來在美術館裡展示的藝術品，如果不巧出現了地獄性作品的話，那麼這些作品就不會出現在天國的美術館當中了。

另一方面，如果經營美術館的人心地不良，美術館的作品也盡是些波長不是很好的東西時，當美術館被拆毀之後，它有時就會出現在地獄界中。

在地獄界的美術館裡，可以看到世間的畫作都呈現扭曲狀，並且有許多充滿了醜惡、恐怖而詭異的作品。但是，對於在生前很喜歡這些地獄性畫作的人來說，並不覺得那是多奇怪的作品，反而覺得很合自己的胃口。

就算在世間被稱為是名畫的作品當中，在靈性上也是各有差異。因此，每幅畫作到了靈界時，會各自出現在適合其波長的地方。

我曾經到法國的梵谷美術館參觀，我到現在還記得，當時感覺頭暈目眩。如果僅是看一幅畫還好，但是當整個美術館都陳列梵谷的作品時，就彷彿是進入了一個異常的世界，令人感到相當暈眩。梵谷的作品當中，的確有某種異常性。

孟克的畫作也有很多人喜歡吧。但是那幅著名的「吶喊」作品中所描繪出的一種恐怖的感覺，怎麼看都很接近地獄界的波動。

即便被世人稱為名畫，但這些畫到了靈界就各有去處了。當然，那和當時畫這幅畫作的人的動機，以及觀賞者的感受也有相關。

圖書館也是一樣的道理。當世間的圖書館被拆掉之後，也會出現幽體之姿的圖書館。

如果圖書館的藏書主要是天國性的書籍為多，經營者的心也是善良的話，這座圖書館就會出現在天國，天國的人們也會到那裡學習，天國的圖書館也是為了天國的研究者而開啟。

此外，在世間出版的新書，幾乎都會來到靈界，並且會出現在適合此書的圖書館中。

當然有些書籍去了地獄界。在地獄界的圖書館裡有一大堆邪惡的書。例如：殺人手冊、自殺手冊等等，全都是不可能在天國出現的地獄性波動的書。即便出版什麼書是各自的自由，但地獄性的書籍、邪惡指南的書籍，全都會集中在地獄界的圖書館中。

前文我曾提及殺人犯會聚集在地獄的話題，在這些人當中也有很多非常聰明的人。這世間的聰明人中，死後有些人會到天國，有些人會到地獄去。

頭腦很好的犯罪者，會在靈界的地獄圖書館裡頭學習。他可能會研究有沒有更有效率的殺人方法，他邊讀邊想：「原來以前有斷頭台這種東西！真有趣！這要怎麼製作呢？」他們的心思盡是想著這類事情，進而著手製作了新型的斷頭台。

在地獄的圖書館裡，擺放著許多如何殺人的研究書籍。屬於知性派的惡人，就會在這種地方學習，增進「知性」，讓自己變得更加殘忍。

在這世間，有很多頭腦很好、智能很高的人做了殘忍的事，到了靈界，也會在地獄的圖書館學習，讓自己變得更加殘忍。

這個世間也常有學校被拆掉改建，這些老式的木造學校從世間消失後，就會以幽體之姿在靈界出現。一般來說大部分的校舍會被使用好幾十年，許多靈人會記得校舍的樣子。這些學舍會在地獄界或精靈界被使用。讓許多人感到懷念的校舍，之後都是如此被利用的。

二〇〇一年，紐約世界貿易中心的兩棟大樓完全被摧毀。像這樣整棟建築物完全消失的案例，大抵上都會出現在靈界當中。

不過，由於考慮到這棟建築被摧毀的目的、被破壞的方式，以及倒塌後數千人死亡的樣子，或許它就會出現在地獄界中，在那邊阿鼻叫喚地獄會因此展開。

要等到過世的數千人都能得救而成佛靈，世貿雙星大樓才能移動到天上界。但現在那裡仍舊是修羅之地，在地獄界仍可看到死亡的人們企圖從火場裡逃生，或者從窗口跳下大樓。在這些人得救之前，這樣的場面仍舊會持續下去。

世間和靈界是如此密切連動著的。

此外，世間所發明的東西，如果得到靈界的靈人認可，一樣也可以在靈界出現。舉例來說，電車也會出現在靈界。在世間，很多人都搭乘電車通勤、上學，可想而知，在靈界如果沒有電車也會不方便。於是，在靈界裡，電車就會出現在那些認為「電車是必需品」之人的所在之處。在高次元的世界當中不會出現電車，但以接近世間型態過活的靈人，其所在地即會出現電車。

在靈界的肉販不需要進貨

置身在和人間比較接近的靈人，他們還會因為想過類似世間的生活，所以仍有吃東西的習慣。

但是所謂「吃東西」，只是有吃東西的感覺而已，再怎麼吃也不會有東西進入體內。那種感覺，就是「雖然有吃進嘴裡的感覺，但食物一進身體就像雪溶化掉一樣，沒有進到胃裡去」。不過，他們僅是想要體會進食的感覺而已。

在靈界也有商店。因在世間經營商店的人，到了靈界後，因為也想從事和在世間相同的工作，所以在較低次元的靈界中也有肉販、魚販、菜販等等。

不過這和世間不同的是，即便有人想要吃肉而到肉品店，買了肉拿回家煮來吃，但一回頭看，卻發現店裡還陳列著一模一樣的肉。因為賣出去的肉還會回到原來的店裡，所以靈界的肉販是不必進貨的。

此外，在肉品店裡進行買賣也會有現金入帳，但沒有實體，所以他們僅是感受拿到現金的感覺。

買肉的靈人在付了錢、把肉帶回家料理食用後，仍會覺得「真奇怪，怎麼肚子還是空空的」，但其實那塊肉又回到了原來的店裡去，重新掛在店裡頭。

蔬果店也是如此，買回家的蔬菜，全部都會回到原來的店裡去。

這樣的事情會一再地重覆，所以說靈人的認識能力僅此程度而已。

7 依據念力可創造和變形

在靈界學校的「創造訓練」

從距離世間較近的靈界再往上一點的話，居住在那裡的靈人知道，「只要發出念力，就能使很多東西顯現出來」。所以他們會用意念做各種創造。

在這裡他們時常進行創造的訓練。譬如：他們會舉行「如何利用念力，讓一朵鬱金香出現在眼前」等等的學習會。

在靈界學校中，老師為了證明「靈界是意念的世界，心裡所想之物就會出現於眼前」的道理，他會集合學生，告訴他們：「現在開始由我來示範，請注意看。」說完後，轉瞬間就出現了一朵紅色鬱金香。

學生看了之後，就各自練習，有一些是變出了歪七扭八的花朵，有些是枯萎的，有些則是古怪顏色等等各式各樣的花朵。

這樣的念力訓練是相當困難的，想要成功地讓心中所想的事物顯現，必須清楚描繪出想要顯現出什麼東西才行。

一開始會從小東西開始訓練，稍微有了進展之後，就會開始訓練如何變出一隻小狗等體型的東西出來。老師聚精會神地集中念力，不一會兒，一隻小狗隨即出現，就像是一隻栩栩如生的狗，搖著尾巴到處舔來舔去，活生生地像是寵物狗一樣的姿態。學生看到老師能夠使出如魔法般的能力，就會對老師欽佩不已。

如果學生只是單憑一個人的力量的話，很難能像老師那樣隨心所欲，不知道為什麼，總是會變出一些奇形怪狀的動物出來。

於是，學生們會發現到，如果十個人左右一起協心發出念力的話，眼前就會出現鴿子、小狗、小貓……等等的動物。

這種由多數人的意念所創造出來的東西，會持續存在於靈界一段時間。即便它們原本是不存在的東西，但經由意念的集中，就會再度以各式各樣的靈質（靈性物質）、幽體等等的組合顯現於靈界。

使用念力創造出來的狗、貓靈體等等，暫時會真實地存在一段時間，等到大家把牠們忘記了，就會消失不見。但在此之前，牠們可以活蹦亂跳，甚至還能當成寵物。

在靈界的生物當中，有些是世間的生物死了之後來到靈界，也有很多生物是在靈界被創造出來的。

妖怪也會在地獄界中被創造

就如同能夠創造動物一般，在靈界的地獄界中，也能創造出醜陋的妖怪。

轉生於世間的人死後到了地獄之後，有可能會變成妖怪，那是一種靈性的實體。但是也有另外一種情形，當世間的邪惡想念和地獄界的邪念想念結合在一起之後，具有某種形態的妖怪、巨大的怪物等等就會出現，進而到處作惡。

地獄的殺人世界中，會出現這類巨大的怪物，時常能在這樣的世界當中，看到一些吃人的妖怪等等。

在種種妖怪之中，有些是具有生命的，但在靈界也有很多妖怪是被創造出來的。這些被創造出來的妖怪，只要去除其邪念、壞念頭的話，就會立刻改變其姿態。這是因為很多情況下，這些妖怪是藉由邪惡的念頭所創造出來的。

地獄裡也有邪惡的動物，當地獄靈沒辦法網羅牠們時，此時地獄靈就會自己創造妖怪出來。

用念力把手下變成狗

一個人的念力如果非常高強，甚至可以把地獄的人類變成動物。如果是擁有很多手下的首領，就可以辦得到。

舉例來說，首領聚集了眾多手下要到別的村落攻擊、掠奪、搶劫的時候，當他們把幾十個當地人捉來當奴隸，關到村裡的小屋去，就必須有人看守這些俘虜。

看守別人，要達到讓對手害怕的最大效果，最好是有凶暴的惡犬。事實上，普通的狗是不會那麼凶惡的，大多數的狗是不會到地獄去的。

因此，首領會觀察自己手下的相貌，尋找看起來很像動物的人，「這個人，還有這個人，他們應該還不錯」，首領一面想著一面就用念力把這些手下變成惡犬。

當然，被選中的人並不喜歡這個工作，但首領對他們說道：「你是負責看守的人。如果沒有狗的外形，對方是不會怕你的。如果以惡犬的外形對他們狂吠，他們就不敢逃出去了。」因此，儘管手下心不甘情不願，最後沒辦法，也只好以狗的形態來看門。

像這樣，靈界是「心念」的世界，所以可以用強大的念力讓事物變形。使用念力，可以創造出滿嘴獠牙的凶暴惡犬，撕咬想要逃亡的人。

靈界，是可以發生這種事情的世界。而在地獄的世界「念頭可以實現。於是當念頭和念頭相衝突的時候，強者會獲勝，弱者則屈服於對手的念頭。

此外，在地獄裡發生戰爭時，並沒有足夠的馬匹。由於馬並不會犯下滔天大罪，很少馬匹會到地獄去，所以在地獄很難見到馬。因此，許多人類會被變成馬，被其他人騎著打仗。

因此在地獄，許多事物會被變形創造成其他事物，這樣的情況屢見不鮮。如果接受到強烈的念力波，無生物和樹木的精靈也有可能變成其他東西。

儘管這是非常不可思議的世界，但只要知道那個世界「不過是心念的世界」，就能夠理解了。強烈想念著的東西會變成實體而顯現，衷心祈願的話就會顯現。

被破壞的東西可以重複再現

所謂靈界，是物以類聚的世界。

靈界裡有的人想要吃東西，不過再怎麼吃都無法滿足。殺人犯殺人也不會得到滿足，就算把對手千刀萬剮，對手還是會復活。自己被殺也可以死而復生，即使把頭砍斷，不久後頭部又會復原，再怎麼樣都不會滿足。

前文中我曾經提到，在靈界會出現世間的建築物，但就像殺人犯一再殺人，有些人會去破壞這些建築物。不過，當這些破壞者離開之後，被搗毀的房子又會恢復原來的樣子。無論被破壞多少次，建築物還是會恢復原狀。當破壞者有破壞的念頭時，建築物就會被破壞；但當破壞念頭遠離之後，建築物就會立刻恢復原狀。

就像這樣，在靈界被破壞的東西是可以一再恢復原狀的。這個意思就是說，靈界是沒有終點的永恆世界，只要念頭持續下去，事物就會存在。我們應該這樣思考比較好。

在靈界，有在世間和靈界之間轉生的人，也有像是自然靈般一直只存在於靈界，不曾到過世間的人，但也有很多是兩者皆非，而是由靈人創造出來的人。

如果大多數的人認為「有必要存在」的人物，就會在靈界顯現。這是許多人的特定念頭的象徵。

傳說中的龍，雖然在世間已經不存在，但在靈界還是有龍存在。

在天上界，有的龍是以守護寺廟佛堂等地的神龍姿態出現。姑且不論這到底是不是真正的龍，但這絕對不是像前面提到「被變成惡犬的人」那樣，而是「寺廟佛堂的守護神變身為龍的姿態，達到嚇阻守護的作用」。

如果天上界有龍的存在，當然地獄界也有無惡不作的毒龍。匯集信仰的地方，諸如此類的變化身也常常出現。

8 附身地上界人類的地獄靈

靈界才是實相，世間世界是虛幻

靈界雖然像是夢中世界一般，但是那裡才是實相。我們必須知道：「靈界才是實際的世界，而世間是虛幻，是夢境般的世界。」理解這一點是非常重要的事。如果能了解這一點，就可以成為靈界的靈人。

靈界雖然有如夢境，但卻不是夢境，而是永恆持續的世界。世間儘管看起來具有實體，其實卻是逐漸崩解的世界，是無法永恆持續的世界。覺悟到這一點，是非常重要的事。

因此，佛教所說的「斷執著」，是非常重要的教誨。

諸君可能認為世間是實際存在的吧。世間的一切都是實際存有的，只有世間，別無他物。但是，我們必須改變這個想法，把它改成完全相反的想法。

世間的事物是不能持續的，相對於此，靈界的事物是可以持續的。而且靈界的事物可以任意變幻，它是「變幻自在的世界，也是可以持續的」。靈界真的是不可思議的世界。

在地獄靈的眼中，垃圾被視為寶石

在靈界，對於事物的觀點是相當與眾不同的。

舉例來說，在世間很多人執著於寶石、金銀財寶、豪華的服飾，認為它們是值錢的物品。這樣的人回到靈界時，如果沒有去除這樣的執著的話，當然還是會追求同樣的東西。

在地獄界，一個人如果闖入有錢人家，把鑽戒、項鍊、金飾等等全部偷走，偷兒會認為：「太好了！有這麼多寶石到手。」然後把鑽戒套在手上、戴上項鍊、穿上金光閃閃的衣服，對著鏡中的自己說：「啊！真是美極了！」

然而，即便本人認為這些是寶石，但是在天上界靈人的眼中看來，只覺得他們把炭石套在指間，把垃圾般的東西往身上配掛。「那個人身上掛滿垃圾，到底是在做什麼呢？」天上界的靈人視為垃圾的東西，在地獄世界的人們眼中，卻認為是珍寶，這真是不可思議的事。

地獄的人們不曾見過天上界的光輝，也沒見過天上界美好的寶石。就算他們見到了，也會因為太耀眼而無法直視。對地獄界的人而言，垃圾般的東西卻視為寶石，打算把它們佩戴在身上。當然，天上界也有寶石和金銀財寶，但是其中不同之處在於人們的動機與目的。

地獄的人們做了如此愚昧的事情，但是在覺察到其虛偽之前，他們會一直持續這麼做。

此外，男女問題也是地上界的一種執著。到了靈界，如果不先暫時把男女之情忘記的話，就無法在天上界修行。因此，很多天上界的入口，其修行場是男女有別的。

最初修行時，男性、女性是分開的，由指導者分別對他們授課，教導關於靈界的知識，並將靈魂純粹化。在他們尚未斷除屬於世間的、對異性的執著之前，必須對他們進行一些教育。

一段期間之後，男女可以同住，也可以互相往來，但是在屬於世間的部分消失之前，必須分別對男女進行教育。

在地獄界，男女之間仍會發生關係，但是正如前文提到的「想殺人卻殺不成」一樣的道理，由於沒有肉體存在，當然也沒有辦法滿足世間的慾望。

就像這樣，想殺人卻殺不成，想擁抱異性卻也抱不到，這是因為已經成了幽靈，就無法互相擁抱。

完全被靈附身後，使得本人的靈魂無法支配肉體

在地獄界的靈，因為「想要破壞什麼卻破壞不成，因為不具有肉體而無法實際行動」而感到困擾的時候，有些地獄界「資深」的地獄靈就會傳授他們一些「訣竅」。比方說，像是和他們說：「解決這問題其實是有訣竅的哦，我來教你吧。」或是教導他們：「到地上界去就好

了。到了地上界，附身在活人身上，就可以擁有被附身者一樣的肉體感覺。」

於是，地獄界的人們開始知道利用這樣的方法。

靈界的食物，是再怎麼吃都沒辦法填滿肚子的。但假如到了世間的美食街等地，在那些大啖美食的地方，地獄靈會從中挑選適合自己附身的人，也就是和自己類似的人。如果附身到那個人體內的話，當被附身者享受美酒佳餚的時候，自己也會感到滿足。

由於只具有靈體是無法體會那種感受的，但若是附身活人肉體後，就可以感覺到酒和食物在舌尖的滋味，地獄靈會感到一時的滿足：

「啊，我感覺到了。這種感覺真是難以忘懷。」

在這樣的狀況下，被附身的活人又會怎麼樣呢？

一個人如果完全被附身靈侵入的話，其靈魂雖然還有靈子線連繫，但會被附身靈立刻踢出肉體之外，其人的靈魂會喃喃說著：「我的肉體被附身了，糟了，糟了。」然後無奈地在肉體外徘徊。

附身靈進入此人的肉體之中，鳩占鵲巢囂張得很。由於地獄靈是齜牙咧嘴、面目猙獰、眼露凶光的嘴臉，所以會把本人的靈魂嚇跑。

這時候，地獄靈就會立刻趁虛而入，吃喝玩樂、出入歡場，做出本身在生前不曾如願的醜陋行為。

地獄靈一旦附身世間人的身上，即便只是暫時侵入肉體，但也可以感受到轉生的感覺。其實地獄靈不能轉生到世間，只能藉由附身，體會轉生到世間，獲得新的肉體的感覺。

不過當被附身者恢復正氣時，就不會被地獄靈繼續附身了。

一個人如果酗酒失去理性或作惡多端時，惡靈就容易侵入。不過，惡靈並不會逗留太久，終究是不得不離開寄身之軀。

然而，一個人如果每天都被附身，逐漸就會變成完全被附身的狀態，惡靈會一直賴著不走，本人的靈魂也就幾乎沒辦法支配自己的肉體。

在刑事案件當中，常有許多人完全不記得自己曾經犯下的罪行。有些人會說：「當時我並沒有意識，那並非出於我的意願。在不知不覺中，就犯下了罪行，但我卻完全沒有記憶。」這確實真有其事。

這樣的人，其實就是靈魂脫離了肉體，被其他惡靈占據了肉體。而在肉體被附身期間，會不由自主的殺人、搶劫、偷竊，做盡各式各樣的壞事。

但當附身的惡靈離開，事過境遷時，本人的靈魂就會重回肉體。等到當事人回過神來，卻已身在法庭，到底發生了什麼事呢？本人完全搞不清楚狀況。當法官說：「你犯下了如此罪行。」本人卻只能回答：

「我不記得自己有做過這樣的事。」

儘管證人指證歷歷：「犯人確實就是這個人！某年某月某日幾點，這個人殺了人，搶走值錢金飾而逃逸。」，本人還是說：「我完全不知道這回事。我是無辜的。」

其實這種狀況，就是當事人被惡靈附了身，而犯下了罪行。惡靈滿足了犯罪行為之後便逃之夭夭。

對惡靈來說，一旦脫離被附身的肉體，就算本人被處以極刑坐上了電椅，也已與惡靈無關。所以被附身者會覺得蒙受了冤屈難以承受。

屢屢做惡的靈會墮落地獄的最底層

地獄靈如果附身到世間人的肉體，並屢屢做惡的話，這個惡靈在地獄就會罪加一等。

雖然是從資深地獄靈那裡學來的附身方法，但若導致世間之人死亡、毀滅、害人債台高築等，自己就會罪上加罪，往更深層的地獄墮落。

即使藉由附身，地獄靈還是可以重出世間，但其結果就是更加墮入地獄的最深層。

在靈界的地獄中，越能成為頭目，惡行的規模就愈大，隨之也墮落得越深。

若以動物行為相關的實驗來看，假如在白老鼠去吃飼料時釋放電流，老鼠會感到害怕，因此當後來的電流高於一定的程度時，老鼠就不會去吃飼料。

然而，地獄靈每做一次壞事就會跌入地獄更下層，會變得愈來愈痛苦。如此屢屢行惡之下，惡靈就會跌落到地獄的最底層。

在地獄的最底層，並沒有很多惡靈，那裡是地獄最黑暗處，就像是泥沼、潮濕、伸手不見五指的漆黑世界。最後，惡靈就會孤獨地被隔離在最底層的地獄。

9 決定前往靈界去向的「偏差值」

地獄界亦有重力作用

在地獄界，可以看到類似這個世界的重力和引力，兩者之間也似乎在發生著作用。

因為地獄靈沒有具備在靈界應有的悟性，所以思考方式上尚與世間相似。地獄靈幾乎都認為「只有世間」，唯物論者占絕大多數。

不相信靈界存在的人、沒有信仰心的人，原則上都會到地獄去。雖然地獄也有信仰錯誤宗教的人、狂熱信仰的人，但以人數來說，還是以不相信靈界存在的人比較多。

不相信有靈界的人，只堅信唯有世間法則在運轉，這種世界觀的形成，可以說是來自地獄性的重力作用。

我曾經說過：「天上界的人可以在天空自由飛翔。」天國確實有人展開羽翼，在空中自由自在地飛翔。

依我靈視，地獄界的靈人不會在空中自由地飛，都是在地面上行走。

在地獄界，只有往下墜落是自由的。墜落的時候，是以倒栽蔥的姿勢，從懸崖或山頂掉向洞穴深淵。這是地獄的自由。

地獄靈往下墮落的時候，並不是像跳傘時那樣「能夠自由自在地在空中飛翔」的感覺。

如此，地獄靈彷彿身處在重力之中。愈是地獄的深層，黑暗密度就愈高，重壓感就越大，因此地獄靈無法飛起來。

地獄中也有鳥類，這些惡鳥在地獄中也能飛。此外，長著蝙蝠般翅膀的惡魔也可以飛。如果變成靈力高強的惡魔，是可以飛起來的。

而一般的地獄靈則是腳踏著地面，走在布滿碎石子的路上，也會摔倒，翻落掉下山等，與世間沒有什麼不同。

地獄靈之所以不能自由的飛，是因為覺悟的程度還不足以理解靈界的法則。

所以，在地獄中重力會發生作用，在天國則沒有重力作用，是可以在空中飛翔、自由自在移動的世界。

為何有地獄界?

自古以來人類就有這樣的疑問:「為什麼有地獄界呢?佛神為什麼會讓地獄一直存在呢?」從地獄的角度來看,或是接近地獄的人的角度來看,都會產生這樣的疑問。

如果說靈界整體總共是五十層樓的高樓大廈,那麼地獄界只是大樓的地底部分而已。地下大概有五層樓左右,而地上則有五十層樓。

靈界的構造,大體上是這樣的:「以靈界全體來看,天上界的部分占了絕對多數,為了達到平衡,地面以下也有一小部分。」

為什麼會有地面以下的部分呢?其實就是指包含「不及格」的地方。也就是說,「做為神佛之子生於世間修行,之後返回靈界,並非每個人都能獲得滿分及格。靈界並不是一個自由到可以無視一切的地方,畢竟還有失敗、不能獲得認可和不及格的地方，而這個地方就是地獄。

「要從地獄升上天國，身為佛子、神子，必須達到的最底限是什麼？正確的生活方式是怎樣的？」這個部分還是存在的。

雖然有了地獄的存在，出現了一定的相對性，但可以因此達到磨練的效果。地獄是使人產生反省的心，可以學到「這樣做是錯誤的」的地方。

要升上天上界，必須秉持信仰

天國也是有階段層次的。就像是升學成績參考的「偏差值」一樣，天國的「偏差值」也是每五分左右以同心圓向外展開。天國的偏差值代表什麼呢？在這世間，偏差值表示學生的學力高低，在靈界界則代表每個人的信仰程度。靈界完全是以信仰的偏差值為區別的世界。

在靈界，有四次元、五次元、六次元及其他好幾個次元世界。每一個次元都大致分為三個階層，每個階層內還可以劃分為更細的階層，這是根據信仰的程度來區分的。

基本上，地獄界是不具有信仰心的人所在的世界。地獄靈不信神也不信佛，有些人雖然生前假裝具有宗教心，其實是並沒有宗教信仰的偽善者。有些人雖然每個禮拜天都到教堂去，其實完全不信教，到教會去只是做做表面功夫，這樣的人有墮入地獄的危險。

在地獄界裡，也有寺院和教堂。有著錯誤思想的牧師、神父或僧侶，他們會在地獄界比較淺層的地方，設置宗教場所進行傳教活動。雖然他們在說教傳道，但是內容是錯誤的。而偽善者們會聚集在那裡聽他們傳教，誤認為過著有信仰的生活，但是這樣的人們終究無法擺脫錯誤的思想。

如果一個人在信仰上有錯誤、沒有信仰心，或是堅信唯物論者的話，就會墮入到地獄去。

要想升到天上界去的話，首先就必須秉持有正確的信仰。所謂信仰就是相信佛神之心。總之，「人類是靈性的存在。靈界才是真實的世界，世間只是虛幻的世界。」如果不相信這些基本價值，就不能前往天國。一個人如果打從一開始就沒有這種信仰的原型，就不能到天國去。

天國中也存在著信仰的不同水平層次。

首先，「相信」這件事是很重要的。其次，信仰和行動、實踐、實務必須要一體化。「不是只信就好了。有何作為？與信仰是否一致呢？」當靈人被問到這個問題時，如果他的信仰和行動是一致的話，就可以逐漸往上層世界提升。

在高次元世界中，「愛」和「真理」同義

升上高次元世界之後，「愛和慈悲」之光會逐漸的變強，為了世界、為了人類，捨己奉獻的人就越多。

在高次元的世界，所謂「愛」這個詞，已不是「我愛你」的這種愛，而是當作和「真理」幾乎同義的語言來使用。

也就是說，「所謂愛就是真理。如果覺悟到佛神統治靈界的法則，就必須予以遵守法則。」不遵守法則的話就無法生存。當了解了靈界的法則之後，就只有遵守。

正是如此，越是高次元靈界，愛與真理就越是同義。就像是騎自行車必須學會平衡，在靈界如果不遵守真理法則就無法生存。而遵守真理法則，與愛的實踐、慈悲的實踐是相同的事情。

那麼，地獄界的人們又是如何呢？他們只會為自己的事情著想。雖然只為利己，卻過著對自己最不利的生存方式。他們只會讓自己苦惱，因而無法從地獄界脫身。

只考慮自己的人會下地獄，為他人著想的人會上天國。這看似很不可思議，其實其中產生著一種反作用的力量。

若要從地獄脫身，其實不需要別的，只要改變自己的心即可。只要改變自己的心態和想法，就可以脫離地獄。

因此，幸福科學倡導的：「從奪愛轉向施愛」、「應建立信仰」、「要關愛他人」、「須相信有靈界存在」等，這些都是務必要認識的真理。

死後上天國或下地獄，與世間的地位無關

在世間，社會地位、年收入、學歷等等，都是衡量一個人的標準。然而一個人上天國還是下地獄，都與這些標準無關。在靈界的價值觀和這個世間是不同的。

大約在平安時代左右，當時的地獄觀是指「地獄的惡鬼會追逐著死者，把他們抓來吃、丟進油鍋裡煎熬，或是丟入火坑焚燒。」

到了現代，外科醫師、護士、檢察官、法官、媒體從業人員等等，如果在生前是行惡之人的話，就會變成了地獄的惡鬼。（當然，他們之中善人為多數。）

古時候，惡鬼會拿鐵棒把人的頭部砸爛；現在，在地獄的醫院裡，齜牙咧嘴的外科醫師在口罩背後獰笑，用手術刀凌虐「患者」，將之開

腸剖肚。地獄裡就有這樣的壞醫師，而在地獄被殺的人會死而復生，然後再度被殺，這樣的劇情不停地重覆上演。

在地獄裡也有護士，這些人生前並不是真正本著愛心而從事護理工作的人，到了地獄會與惡醫師一起綁架、監禁患者、凌遲患者至死。

如果生前是壞檢察官的人，他們在地獄裡會把虐待死者當作樂趣，這是他們的生存價值所在。

生前是壞警察的人，也會變成地獄的惡鬼。

俗話說：「靈界有閻羅王。」靈界確實有穿著黑色袍子的法官，在天國、地獄都有法官。

他們喜歡判決別人的對錯，一個法官如果生前按照自己的良心進行裁判，卻幾乎都做下錯誤判斷，這樣的人就會到地獄去。然後，在地獄為死者判決，又裁定「這個人應該被五馬分屍。」也有人會做如此惡行之事。

靈界分為兩種極端，與世間的地位無關，也和一個人在這個世界偉大與否是無關的。

地獄裡有醫師，天上界也有醫師。

同樣是外科醫師，天國的外科醫師，會為從地獄界上來的靈人，摘除掉靈體不好的部分。「因為此人的心壞掉了，使幽體的某個部位扭曲，必須把這個部位切除。」天國的醫師這樣說，並為這個靈人進行手術。

此外，天國的護士也在為地獄上來的靈人們，努力進行復建治療。

如果成為天國的法官，會「根據其人擁有的正確人生觀，判定出他應該去的地方。」

就像這樣，每個人的去處都不一樣。

媒體界的人，在生前如果依據良心，心懷「打擊罪惡、改善世界」的想法從事媒體工作，死後就會到天上界，並透過天上界的電視台和報刊等，報導「天上界新聞」。

在地獄界比較淺層的地方，也有做著媒體工作的人和發行「地獄日報」，內容是「有關最近被遣送到地獄者的消息」之類的報導。

尤其是每當地上界的知名人士到了地獄時，地獄日報便會刊登斗大的標題：「某某公司的董事長來到地獄，大家好好去修理他吧。」等，而那個人後來的下場如何，也會有連續的報導。例如，「某某董事長遭人圍攻，被五馬分屍」、「被施以火刑」、「又墮入到了下一層地獄」等等。

在天國有新聞工作者，在地獄也有。

10 培養成為天使的心

在靈界，不管是動機或行為，全部都要受到評定。人會把在世間的行為習慣帶到靈界去。

生前如果是不了解自己內心的人，死後其靈魂就會遇到很多麻煩。因此，希望這樣的人活在世間時，儘早接觸「幸福科學」講述的真理，建立靈性的人生觀為好。

對於這樣的人，如果在其死後才要教導他們真理，將是非常困難的事。不管他們是墮入到地獄還是去到哪裡，多半是在靈界某個地方，活動範圍極小。這是因為他們沒有到過什麼其他場所的經驗，無法認識其他世界。

對於那些唯物論者，必須趕快道破其錯誤的價值觀，教導他們什麼是真理。

此外，也必須拯救那些抱持著錯誤思想的人。

對於這類人，盡可能在他們還活在世間的期間，讓他們做好進入天上界的準備。為此，我們必須倡導大家要培育一顆成為天使的心。

（與本章類似的靈界觀，可參考J．S．M．華德著，淺野和三郎譯之《死後的世界》，潮文社出版。或G．卡明斯著，淺野和三郎譯之《永遠的大道》，潮文社出版）

第三章

不可思議的靈界
（質疑之問與答）

1 魂與靈的不同

【問題】請問魂與靈有何不同？

「魂」的世間痕跡很濃厚

無論是魂還是靈，都同樣是屬於靈性的存在。廣義來說，魂是被包覆在靈之中。雖然魂也是靈性屬性，但仍殘留著在世間生活時的痕跡，這就是所謂的「魂」。

魂雖然是屬於靈，「但它回到靈界，還是以生前的姿態顯現，而且思考方式還是跟生前一樣。」回到靈界後，仍保持世間的活動形態和人類個性的話，就稱為「魂」。

「靈」超越了人類的姿形和性質

所謂「靈」，在很多場合可超越人的姿形和性質。

在實在界的靈人們，不一定要以和人類一樣的姿形做修行。

當然，在四次元、五次元的靈界，很多靈人大抵是以類似自己生前的形態生活。但大約到了六次元以上的靈界，靈人的生活方式就會逐漸發生變化了。

為什麼呢？這是因為在六次元的魂已經有了靈性的覺悟。在六次元靈界的靈人開始清楚的知道：「自己的真實姿態，並不是『只有一個頭、兩隻手、兩隻腳』的樣子。」他們會開始認識到實相並非如此。

我在《太陽之法》一書中，曾對六次元做了這樣的描述：「對於真理知識掌握了多少，即是區別彼此的衡量標準。」在六次元靈界，靈人已具有關於佛的知識，以及佛所創造的世界的知識，並且他們理解：「有手有腳，有身高體重的姿態，這並非真正的自己。」

抹去肉體意識的訓練

在六次元靈界，有很多可以提供指導的老師。為了抹去人們肉體的意識，會進行各式各樣的實踐訓練，這些都是在高級指導靈的指導下所進行的。

譬如，在指導那些學習魂的多樣性的人們時，老師會將他們聚集在類似體育館那樣的地方，然後一個個點名提問：「你生前是怎樣的人呢？」要大家都做出回答。

之後靈的指導老師會繼續問：「既然如此。你可根據你對真理的閱讀和聽講中，發現自己具有那些可能性嗎？」

當回答「我知道」時，靈的指導老師就會接著對此人說：「那麼，我們開始來做個實驗，你來試試把自己變成不同的形狀吧。」

靈人們雖然身上有穿著衣服，有趣的是，他們並不太清楚自己穿的是什麼，只覺得好像是穿著衣服的，他們的修行就從這裡開始。

比方說，指導者會說：「首先，把你穿的衣服變成另一個樣式。你現在穿的是藍色的衣服，我要訓練你把衣服變成白色的。」

有些靈人會立刻回答：「我辦不到！」但靈的指導老師會說：「不，你辦得到。認真地集中心念，一定可以把藍色衣服變成白色。」

受訓的靈人非常驚訝，心想：「啊，我可以做這種事啊！我自己有這樣的能力嗎？」

首先，就從這樣的訓練開始。

其次，靈的指導老師會說：「你雖然認為自己是『具有雙手雙腳的存在』，但請試試把自己變成其他形態。什麼樣的形態都可以，請你把心中所想的特定形態、形象說出來看看。」

於是靈人描述了心中所想的形態，靈的指導老師聽了後便說：「你一定可以變成那個樣子，請你認真地集中心念。」

假如，靈人在心裡描繪是個身高五公尺的相撲選手，只要拚命集中心念的話，就會變成那個樣子，這會令靈人非常驚訝。

指導靈就是教導大家這些事情。

然後，靈人們就會逐漸了解到，「如果不抹去肉體意識，就無法擁有更高次元的靈意識」。

靈人們開始能夠自由自在地變化之後，就逐步成為靈性意識體了。

靈是具有知性的能量體

八次元如來界的靈，可以「一即多、多即一」的形式同時出現各式各樣的形態。也就是說，同一個靈可以在許多場所同時現身，以不同的姿態從事不同的工作。這是如來可以做到的。

在這次元的下層階段，則如上述所說，需要接受「變化自己姿形」的訓練。當具有了這種能力後，下一步是分魂、以多個靈組織、靈形態顯現。

靈之所以為靈的原因，正是因為靈原本就是無形無姿的一股能量，是能夠思考、有知性的能量。

理解這個本質，就可以成為靈了。

接下來，就是要更上一層樓，變成比靈存在還要再更高的能量體。與其說是靈體，莫如說是真正的能量體。這時就不再是由體內發出想念的靈人，而是作為能量體在有必要的作用下，呈現各式各樣的形態。

有時，這個能量也能以無形來呈現。例如，以勇氣、正義的意志之光，或者以智力、知性等來表現。這些都不是人類的形態，是作為意志呈現出來的一種力量。如此，能量可呈現為無形的力量。

因此，這樣的能量就不再適合被稱為「靈」了。因為這是更高層次的存在，亦即人靈的原本樣貌。

所以說，對「靈性存在」進行學習和認識，即是在世間與靈界之間反覆輪迴轉生，在靈界的各次元升降的理由。

2 輪迴轉生的系統構成與人生計畫

【問題】紫式部的靈言中說道：「轉生時是以自己的意志決定的。」（參考《大川隆法靈言全集　第十四卷》，宗教法人幸福科學內部限定經典．非賣品）誰都可以做得到這一點嗎？請問轉生的結構是怎麼樣呢？

如何訂立人生計畫會因「靈」而異

某個宗教團體認為：「人類，不論任何人都可以自己訂立人生的計畫，然後轉生投胎到世間。」因此，這個宗教教團的信徒一旦人生過得不順利時，就會想：「自己的計畫是不是哪裡出錯了呢？守護靈、指導靈在做什麼呢？」

然而，所謂的「計畫」，其實會根據每個人自覺程度的不同，而有相當大的差別。

如果是位於高次元世界的靈，則會針對未來轉生的環境、雙親、職業等等，訂立非常詳細的計畫。

但是，有些靈在轉生的時候，連雙親也沒仔細去挑選。甚至於在四次元世界的靈，即使已經回到世間，有些還分不清楚自己的肉體是否活著？到底是肉體還是靈魂？

這樣的人，當轉生時間一到，會不知不覺進入睡眠般的狀態，被即將成為雙親的人的波長所牽引，在不清楚自己將投生何處的狀態下，轉生到了世間。

五次元世界的靈人則比較清醒，可以在轉生前明確地挑選自己的雙親。六次元的靈人，更可進一步決定自己轉生後的職業。

根據靈意識層次的不同，訂立轉生的人生計畫也就相當不同，會根據個人的狀態而定。

靈界有調整人生計畫的機關

在靈界也有從事農業工作的靈人，因為有人喜歡這樣的工作，所以靈界也有田地。

例如，有的人在靈界種植蕃茄，覺得「蕃茄長出來了，太好了！」這些人之中，也有部分人在靈界待了很久，已經忘記世間的存在。

然而，在靈界有專門管理轉生的公職人員，當他們查閱資料，會發現「這個人有好一陣子沒到世間去了。」於是通知那個人來，對他說：「請你轉生到世間去學習吧！」因此，那些幾乎忘了世間的人便需要到世間去學習。

另一方面，有些人的意識很強，自發地感覺到「自己需要轉生到世間去學習了」。這樣的靈人需要到轉生單位去申請。申請時必須提出希望轉生的地點、雙親等等的人生計畫書。

轉生管理者看了計畫書後便說：「這個計畫的要求條件太高了，你不能轉生到有這麼好的雙親家庭，必須往下降一等，轉生到你的第二志願。」他們會給予申請者類似的意見。

任何人都希望出生在最理想的環境，但這樣是不行的。由於「無法達到修行的目的」，所以必須進行調整。管理者會說：「關於你過去的資料，我們這裡皆掌握得很清楚，為了要修正你自己的心靈習性，你認為到這個環境對你真的適合嗎？」

經過這樣的討論，當決定了轉生的環境之後，就可以到世間去了。在結果上雖然多少和自己的希望有一些距離。但在此人和其他人討論，聽取了專家的意見，並且意見一致之後，便算是達成協議。

如此，有人是自己提出「想轉生到世間」的申請書，但也有人像前面所提的種蕃茄的人那樣，從來不曾提出申請。這樣的人，轉生機關就會把他們叫來，告知他們應該轉生到世間去修行。

現代社會文明已達到一定的進步，所以有很多靈人都想要到世間來。現在有很多靈人在申請，因此轉生機關忙得不可開交。

古時候，狩獵時代和農業時代持續很長一段時間。在那樣的時代，不論轉生多少次，修行的材料並不是那麼充足。

不過在現代如此便利的時代，修行學習的材料非常豐富，為了讓魂進行修行，很多人都在向轉生機關提出申請。

跳進「轉生之池」的人

到轉生管理機關去提出申請，在某方面來說，這是了解現代社會的人才知道的一種方法。如果一個人的意識比較古老，甚至不知道有這種管理機關的存在。在靈界，到現在還有人穿著古代宮廷的禮服，要讓這樣的人轉生，必須稍微下點功夫。如果不用相應的方法，就行不通。

室町時代末期的一位女性小櫻姬，在她的靈言中提到「轉生之池」（參考《大川隆法靈言全集　第二十六卷》）。對於日本一些屬於神道系統的靈人來說，「轉生森林」、「轉生之池」是容易理解的地方。想要轉生的人，會前往轉生森林，在那裡的廟宇前對著神產巢日神許願。

接著，這個人就朝轉生之池走去。在森林的終點，會出現三公尺左右的懸崖。站在懸崖往下看，可以看見一座直徑二十公尺左右的池子，池子裡會映照顯現出自己將要轉生前往的世界。

此時，這個人必須鐵了心往池子裡跳，但也有些人覺得很恐怖，而打了退堂鼓跑回森林。這些人接受守護靈、指導靈的開導，在他們的護送下回到轉生之池，然後就跳進池裡，轉生到人間。

小櫻姬在靈言中如此說明：「跳進轉生之池的時候，因為過於震驚而膽怯，結果忘了前世的記憶。」

為什麼在轉生森林會有懸崖呢？這是為了要測試想轉世的人是否真有轉生的決心。所謂「轉生到世間」，是非常嚴格的修行，「說不定死後會墮入地獄去」，這並不是一件容易的事。因此，為了測試想轉生的人的勇氣，必須讓他們從山崖躍入池子裡。

就這樣，在靈界對於仍在昔日意識中生活的靈人，會準備一些他們能夠接受的轉生的結構，讓他們轉生去。

另一方面，在現代化的靈界裡，靈人如果想要轉生到世間，就必須到轉生管理機關，確實提出申請，並在申請書上寫下自己想要轉生的第一志願到第三志願。

由於在靈界也有形形色色的地方，所以有關轉生的結構會以各種方法來配合該世界。於是有些情形是轉生管理機關把怠於到人間修行的人找出來，亦有情形是靈人自願要轉生。

3 肉體器官捐贈者的魂的狀態

【問題】死亡後，在捐贈器官肉體而被取出心臟、肝臟的時候，或者在火葬場被焚化時，靈魂會感受到疼痛或灼熱嗎？

在靈子線被切斷前，魂會感受到疼痛和灼熱

魂和肉體之間，是由一條位於後頭部，名為「靈子線」的靈性線所連繫起來的。不管是魂在睡眠期間離開肉體，或者因為意外而喪失意識，只要靈子線還連繫著魂和肉體，就不是真正的死亡，因此魂是可以

回到肉體的。

以靈界的觀點來說，一旦切斷了連繫魂和肉體的靈子線，就是死亡。這就是別於醫學上的死亡，即不是指腦死或心跳停止，而是以宗教、靈性的觀點來看的真正的死亡。

靈子線切斷，直到魂完全離開肉體，在呼吸停止後通常需要二十四小時左右。雖然時間上因人而異有快慢的差異，但平均起來大約是二十四小時。

因此，剛剛去世的人如果立刻送去火葬場焚化，由於靈子線還沒有切斷，被焚化的死者會覺得非常痛苦。

有時，當肉體被焚化時，魂會驚慌失措。

正因如此，人類死亡時需要守夜，隔天才把死者送到火葬場去。太早就焚化死者的話，由於魂還沒有離開肉體，所以會感覺很痛苦。

所以不可以立刻焚化剛去世的人，「死後先守靈一天」才是正確的習慣。

昔日的多數習俗是不焚化屍體，而是將死者土葬。這是因為以前的人知道「人死後如果立即焚化，魂會感覺痛苦和灼熱」。然而，為了預防傳染病和其他衛生方面的問題，所以一般是不採取土葬的。

此外，如果在靈子線被切斷之前就取出器官的話，原則上魂會感覺疼痛。

生前完全不相信有另一個世界的存在、否定靈界、以為「死了一切就結束了」的人，在死後進行器官移植，被醫師掏心掏肺的時候，會陷入極端的迷惑狀態，這是醫院裡真實發生的案例。明明以為「死了一切就結束了」，結果卻沒有結束，死者會覺得非常的恐慌，這會妨礙死者順利往生。

其實這用想像的就應該能夠理解，那些以為「死了一切就結束了」的人，如果在死後尚未離開肉體的時候，內臟就被摘取下來的話，會有怎樣的感覺呢？我們大致可以想像得知，是相當恐怖的感覺。由於他們完全沒有具備關於死後世界的知識，因而對「接下來會如何？能否適應死後的世界？」完全一無所知。

而且，魂在器官中有器官意識，因此進行器官移植，移植的器官意識就會想回到原來的魂那裡去，有時候會引起排斥反應。所以有些接受器官移植的人，會無法活得很久而死去。

理解靈性真相並懷著感謝之心

然而，並不是說絕對不行進行器官移植。

除了充分理解了前面說明的靈的實相，並且知道「人類是靈性的存在。魂在離開肉體之前，摘除器官多少會覺得痛苦，但是如果能幫助別人活得更長久的話，是非常值得的事」，能持如此心念之人和其他人是大不相同的。

當然，即便是這樣的人，若在死後立刻被取出器官，魂還是會覺得疼痛。然而，要是對此真相有所理解的話，在某種程度上，是可以忍受那種痛苦的。

此外，有時守護天使會前來安慰：「你做了很了不起的事，你的肉體生命雖然結束了，但是魂還是完整的，儘管現在看起來好像受傷了，但很快就會恢復原狀。」

另一方面，接受器官移植的人，則須抱持著感謝之心。捐贈者是做了相當大的犧牲而捐出器官，接受器官的人應該要滿懷感謝。如果不感謝捐贈者，而只是認為接受了一項「物品」，那麼事情就會變得很嚴重，受贈者可能不久之後就會死亡。

在完全無知的情況下進行器官移植，會非常危險。時常發生「自己的器官被取出來，因驚愕不已而無法回到天國」的例子。

「器官捐贈者如果已充分了解靈性真相，而接受器官捐贈的人本身也懷著感恩之心」，在如此協調的情況下所進行的器官移植，就會成為愛的行動，這也是抑止排斥反應的方法。如果能充分理解這個道理，再進行器官移植就算及格了。

我認為，這一點真的必須向外科醫師說明才行。

魂是多重的構造

器官若被取出來，有時魂會有所欠缺，然而，隨著對靈界的漸漸理解，魂就會恢復原狀。

雖然很不可思議，但魂一旦離開肉體單獨存在時，剛開始還會維持和生前一模一樣的形態。魂也有指甲，也有頭髮、眼睛、睫毛。把手按在心臟部位，會感覺仍然好好跳動著。雖然死後並不需要氧氣，但魂也還在呼吸。魂的所有機能就和生前完全一樣。

其實，魂是多重的構造。在廣義的靈體的最外層稱為「幽體」，內臟器官屬於「幽體」。這個幽體內部尚有狹義的「靈體」，在這靈體之中則是「光子體」，這個部分充滿了許多的光。魂即是如此多重的構造。

魂脫去幽體的地方，就是四次元的「幽界」。已經死去之人，通常會先回到四次元世界，在習慣靈界生活之前，會一直生活在四次元世界。如果以世間的時間來說，大約是一年到三年左右。在幽界的這段期間，此人會和比自己先往生的祖先或親朋好友碰面，學習靈界的種種事情。

在幽界除去了三次元世界的塵垢，待一到三年之後，「原來是五次元世界的人就回到五次元世界，是六次元的人就回到六次元世界」，以這樣的方式回到原本的世界、上層的世界，此時就會脫去幽體。而在脫去幽體的同時，也跟著捨棄了器官的意識。

被捨棄了的幽體，結果會怎麼樣呢？通常會被負責收集捨棄幽體的靈人集中起來，等到以後其他人要轉世的時候再利用。

無法捨棄幽體而執著地上界的人，會以幽靈的形態出現在地上界。幽靈，由於是以幽體的狀態出現，常常出現流血的情形，這是因為他們是以非常接近肉體意識的形態出現的緣故。

我想讀者當中，也有人會想要在死後捐獻肉體吧。如果能在理解靈與意識體的真相後再做這個決定的話，捐獻肉體應該是件好事。

假設對死後的世界完全無知，捐贈器官就會造成魂的驚慌失措。如果到大學附設醫院等地去靈視的話，到處都可以聽到靈的叫喊聲。因此，我們必須事先知道這樣的情形。若深刻理解了靈性真相，然後才去進行器官移植的話，就會是一種愛的行動。

4 判斷「是己身個性抑或是被附身」的方法

【問題】關於自己的心的傾向，請問要如何認清「這是自己本身的個性？還是被附身靈附身的影響呢？」

是否變成「惡靈相貌」？

可以透過一種簡單的方法，那就是「照鏡子」。看著鏡子裡自己的臉，可以知道自己是否被惡靈附身。「惡靈相貌」在某種程度上是可以看得出來的。

說實在的，一個人的精神生活如果很貧乏，慢慢就會顯現在臉上。久而久之，真的就會變得長角、長尾巴、青面獠牙一般的相貌。

惡念的種類很多，持有相同波長的惡靈一定存在。此時，基於「波長同通的法則」，惡靈就會來到發出此惡念的人之處。

惡靈的波長和某人不符合的話，惡靈就不會來。例如，阿修羅靈會附身於好鬥之人，通常色情靈不會前來。如果波長不合的話，會感覺不對勁，就很難來附身。

一個人如果長久以來和附身靈「同居」，附身靈其心的傾向就會逐漸變成自己的個性，這是不爭的事實。有人長期被附身，和惡靈為伍竟長達十年以上，和惡靈為伍十年，就會分不清彼此了。

通常到了靈界後，會被要求透過鏡子或者螢幕去反省自己生前的所作所為，之後即決定在靈界將何去何從。如果附身靈的傾向已經成為自己個性的一部分，這樣的人死後，會立刻倒栽蔥似地掉進和惡靈相同的世界。「沒有反省的餘地，沒有檢討的餘地。」完全不需經過問答，這樣的人會直接被拉進地獄裡。

附身靈如果超過了四、五個，大致上都會墮入地獄。尤其是惡魔、魔王或者小惡魔之類的惡靈附身之人，大概都會噗通一聲直接被拉進地獄。

如果惡靈的傾向已滲透到本人的個性之中，那麼回到靈界之後，是沒有檢討生前生活方式的餘地的。換言之，這樣的人「雖然活於世間，卻有如活在地獄裡」。他並不是在死後才到地獄，而是生前就已經活在地獄之中了。

首先要知道佛法真理

要怎樣才能避免這種事情呢？「知道」是一切的開始。所謂「知識就是力量」，倘若沒有知識的話，就真的沒辦法了。

知識就是力量，知識會成為「跌倒時的支柱」。此外，因為事先就有這方面的知識，跌倒的時候才會知道處理傷勢的方法。要是完全不知道的話，只是一直抱怨「在家、在學校都沒教過，出了社會也沒人教我」，最後還是束手無策。

首先，知道佛法真理是非常重要的事，知道的話，就有開啟道路的可能性。

「捐贈佛法真理的書籍、傳道，是非常重要的事」，其原因就在於此。

不過，這麼做的話會到處惹人嫌，傳道者常會被人這麼說：「少多管閒事了」、「怎麼送我這麼奇怪的書」、「別再向我強迫推銷了！」

其實會這麼說的人，更是必須知道佛法真理，雖然他們在表面上不想知道，實際上卻必須知道。

我們首先要知道佛法真理，一切就從這裡開始。即使就只讀這一本書而已，也會有很大的不同。要把一本書讀完並不需要花很多時間，利用放假日大約一天就能讀完。這一天，就可以改變人生。

總之，要進行佛法真理的傳道、普及，除此之外別無他法。

對於那些接受傳道的人來說，在活著的時候就接觸到佛法，這是非常重要的事，這也是全部重點所在。要開始讓人生好轉，就要先從這裡著手，首先要認識佛法真理。

養成追求佛法真理之心

其次，必須有追求佛法真理之心，這是非常重要的事。我們必須認識到，這就是「求道心」、「菩提心」。

因此在傳道時讓別人能產生「初發心」，也就是最初的皈依之心，是很重要的。

不過做過相當多壞事的人，終究是需要「改心」的。因此就需要有足以折服他們的強烈衝擊。

否則他們可能就會遭受生病、意外、破產、離婚、家族親人的死亡等等的挫折，經由這些挫折，而有讓他們產生覺醒的契機。通常被傳道時把別人的話當成耳邊風的人，一旦遭受這樣的挫折時，也可以理解佛法真理的道理。

要不就是遭遇到挫折，要不就是強烈的衝擊，大多情況下會遭遇到其中的某一種。

總之，「讓全體日本人都知道佛法真理」，是幸福科學的大前提。若是因此而被人蜚短流長，也不要退怯，我們必須這麼做。我們必須提供所有人類一個覺醒的契機，這終究是我們的使命。

排斥贈書或傳道的人，其實是必須知道佛法真理的。對於這些人，必須有像北風般激烈的傳道，或像太陽般溫和的傳道，其毅力非常重要。

傳道，盡在「忍耐」一詞中。這是因為傳播佛法真理是相當費時的工作。

首先，從讓別人知道開始。其次，要引起別人求取佛法真理之心。先做到能讓別人「知道」、「想要追求佛法」，接下來的工作就輕鬆了。

這就是幸福科學的工作。

5 詩人的魂的靈格

【問題】請問歌德、海涅或拜倫等詩人的魂，他們的靈格、靈的層次是如何呢？

一流詩人的靈格很高

擁有八次元靈格的人被稱為如來，擁有七次元靈格的人則被稱為菩薩，例如：歌德是如來，海涅、拜倫則為菩薩。

日本詩人之中，宮澤賢治是菩薩。中原中也、立原道造雖然還不算是菩薩，但也離菩薩不遠了。

一流詩人的靈格很高，詩人是非常靈性的，一般來說，詩人的靈格比學者要高。許多學者的魂在六次元世界，但很多一流詩人的魂則在七次元以上的世界。

常有三十歲左右英年早逝的詩人，這是因為詩人的心過於乾淨。詩人的思想不太會受到蒙蔽，也因為他們的心透明度非常高，可以接受來自天上界的靈感啟發，根據這些靈感寫作詩句。就這個意義而言，詩人之中有許多是靈能者。

學者們孜孜不倦鑽研學問，和學者們相較之下，接受靈感而寫下美麗詩句的詩人，靈格大多比較高。

歌德不僅是詩人，除了創作詩之外，他也具有創作其他文體以及政治方面等各種才能。他是一座壯闊的山脈，是一位宛如雄偉山脈般的如來。

此外，準確的來說，下列這些人雖然不知道算不算詩人，不過莎士比亞也是如來，日本文豪夏目漱石和俳句詩人松尾芭蕉則在菩薩界。

宗教家要以詩一樣的心引導眾人

詩人的靈格很高。大概是因為能用「精簡言語震撼人心」，從靈性感化力方面來看，他們和講「法」之人有近似的部分。

這類詩人的極致就是宗教家，講法之人大多是詩人。耶穌是詩人，莊子也是詩人。宗教家大致上都是詩人，他們具有「以優美的言語感動他人」的特徵。

就這個意義而言，可以說耶穌是最偉大的詩人。

孔子也是詩人。為什麼《論語》可以流傳這麼久呢？乃是因為《論語》的言語具有詩一般的高尚格調。我想這就是它被一讀再讀的理由。《論語》的言語是最精緻的語言，是精緻的極致。假設《論語》的內容很好，但是表現形式不優美的話，那麼就不可能流傳兩千數百多年。詩具有超越時代的特性，因此可以流傳後世。

日蓮法師也是詩人，他以詩心引導眾人。

如果內心沒有受到震撼，人們就不會感動；不會感動，人就不會採取行動，不會跟隨過來。

詩，就是可以發揮如此極致的作用。

6 科學的進步與靈魂修行的方法

【問題】今後科學還會日新月異，世間的生活會變得更便利。如果變得近似靈界自由自在的生活時，那麼靈魂修行的方法，會變得如何呢？

地上界在發展，靈界也在發展

世間，也就是地上界的生活，與靈界的生活，兩者之間雖然有相當的差距，但確實慢慢地在接近。

人們在地上界過著和靈界類似的生活，靈界也在進步過程中，這是非常清楚明確的事。地上界的發展和靈界的發展是互為相關的，因此，地上界的發展變慢的話，靈界的發展也會變慢。

擁有地上界生活記憶的人回到靈界的時候，靈界會受這些人的意識所牽動。因此，最近的靈界就變成了相當現代化的世界。為什麼呢？這是因為現代人回到靈界時，擺脫了束縛，變得更加自由自在，所以心念中世間的東西就在靈界顯現出來了。

「在靈界的創造，終究會傳到世間」，這樣的事情很常見，但是「在世間發生的事情也會影響靈界」，如此情形也是時有所聞。由於靈人轉生到現代地上界的人數非常多，因此靈界也吸收了新的事物，逐漸地有所改變。

靈界的人們，是根據當今現代人的設想範圍為基礎來思考的。現代人想不到的事情，在靈界就不會發展出來。

現代靈界也有汽車與飛機

二十世紀以後，在靈界也有汽車在路上奔馳，天空中也有飛機飛翔。

在現代社會，汽車工業是許多人賴以維生的產業。從事汽車產業的人們之中，有些人死後到了靈界，會覺得自己「其他工作都做不來，那就再從事汽車業吧！」於是這些人就在靈界製造汽車。

靈界的人，還是會想從事生前的工作，因此生產汽車的人如果很多，就會形成一個汽車世界，於是他們也會以汽車代步。

靈界的某一部分是這樣的世界。不過，毫無疑問的是，這是在十九世紀以前所沒有的靈界。

此外，靈界雖然不需要飛機，實際上卻有飛機、飛行員的存在。

這種新的生活形態慢慢地從這個世界引進，於是靈界就逐漸改變了。

現代人回到靈界後，如果過著舊有的生活形態，會覺得很無聊。因此很多現代人回到靈界以後，就開始打造適合自己的世界。於是，靈界就慢慢地有了改變。

世間和靈界是相互關連的。世間持續發展的話，靈界也會形成新的世界，靈界的人們也會受到刺激。因此，不論世間再怎麼發展，靈界的人也不會因此而感到困擾。

在靈界跟不上時代的人，會轉生到地上界

剛回到靈界的人，會在靈界開始製造地上界已有的東西。但是對那些在好幾百年前就作古的靈人來說，他們完全不知道這些新東西是什麼。

在靈界，意識到地上界的人並不多，擔任地上界人們守護靈的靈人，當然會看見地上界的模樣，但除了他們以外，大部分的靈人是不關心地上界的。回到靈界好幾百年後，地上界的事情就變成古早以前的記憶，幾乎都被拋在腦後了。有些靈人對於自己曾經生活過的地上界國家，也會質疑：「真的有那樣的國家嗎？」

剛回到靈界的人，會製造許多事物，建造許多新的城鎮，而自古以來就生活在那裡的靈人會認為：「這些人是不是瘋了？」不過剛到靈界的人卻說：「不，是你們太落伍了。」彼此之間的想法完全沒有交集。

於是，剛到靈界的人對以前的靈人說：「不信的話，那麼，請你們轉生到地上界看看吧！」他們會勸以前的靈人到地上界去看看。

此外，曾經轉生地上界，但時間卻太過久遠的靈人，由於不能理解新的事物，於是便想：「我的頭腦太老舊了，我應該再轉生到地上界去看看吧！」

當然，位於六次元光明界的上層階層的靈人，他們多少都知道地上界的最新生活狀態，因此不會有這樣的問題和困擾。但是六次元的中級階層以下的人們，他們生前的生活形態對他們還是有相當的影響，由於他們還是以那個時候的意識在靈界生活，所以不清楚現今地上界的變化。

因此，轉生的週期如果不縮短的話，就會不知道最近的事情，變得跟不上時代。有些靈人聽不懂剛到靈界的人的談話內容，對他們在說什麼完全無法理解，所以別人就會勸這些靈界的老人：「差不多也該再度轉生了！」

基於這樣的理由，最近靈界的轉生週期就縮短了。而且靈界的變化也相當大了。

我接收到靈界各式各樣靈人的靈示，最近，有些剛回到靈界的人，會以現代人的感覺來理解靈界的事情，而在靈示對我加以說明。在日本國內也好，國外也好，都有很優秀的人，這樣的人們過世後回到靈界時，我可以跟他們對話，詢問他們：「請問你對於這件事情有何看法呢？」這是因為這些靈人可以當作幸福科學的支援靈。

世間和靈界是互相影響、發展的。世間逐漸在發展著，這件事本身絕對不會是壞事。因為這樣，「不必到地上界修行」這樣的情形就幾乎不會發生。如果真的不必再到地上界修行，那麼靈人可能會從地球轉移到別的行星，進行新的修行吧！

7 轉生輪迴與魂的進化

【問題】魂具有永遠的生命，可以轉生輪迴幾百次、幾千次。但是如果此後也一直繼續輪迴的話，會變成怎麼樣呢？

此外，九次元世界偉大的靈，從一開始就被賦予這樣的靈格嗎？還是經過好幾次的轉生之後，不斷地努力而成為九次元的靈呢？

九次元靈被賦予「老師」的角色

首先，我先回答後半部的問題。

我在《太陽之法》中寫到，有相當多的靈是在地球上進化後而直接到八次元世界去的。

不過，現今在地球的十位九次元靈，某種程度上是肩負指導者的使命而被創造出來的靈。

這樣的靈人，接下來會變得怎麼樣呢？其實，他們之中終將有人完成了在地球上的使命。如此一來，這些靈人會遷移到更適合自己的星球，擔任該星球的指導者。這樣反覆幾次之後，就可以進化到十次元的世界。

就像這樣，上層的靈離開之後，八次元世界的靈就上升到了九次元。靈界的靈就是以這樣的方式進化的。

某種程度上來說，這和一般公司的組織結構是一樣的。公司的職員屆滿任期就會退休，而在地球這樣的磁場完成任務的靈，大多數的狀況下，會移居到其他星球去。因為太陽系星球為數眾多，而根據靈人所想要的魂修行的不同，所到的星球也會不同。

現在地球上的十位九次元靈，其實也是從各個星球來的。

轉生之後會增加魂的經驗

接下來，我要回答前半部分的問題。

若「一直持續轉生的話，魂會變得怎麼樣呢？」這個問題，其實是因人而異。某人的將來會變得如何，這是誰都無法保證的。

以現在這個時間點來看，隨著魂的不同，每個魂進化的階段也不同，這是不可否認的事實。

有人一直維持現狀，「適度地往上升，適度地往下降，一上一下之間，幾乎維持在同樣的位置」。有的人則是「任其往下降」，反正到達底線時就不會再往下降了。

然而從長遠的眼光來看，地球系靈團，以魂的集團來說，可以說是全體在進步之中的。

在地球這個磁場，人類開始在這裡進行魂修行，大約已經有四億年的光景。這期間，在這個修行場，為人類說明了各式各樣的法理。學習這些法理，魂一定會學習新的東西。光就這個部分而言，終究一定會有所收獲的。

靈格除了有高低之分，也有所謂魂之器度。靈格本身即使沒有往上提升，但藉著形形色色的經驗累積，就擴展了魂之器度，「魂本身的器量就變大了」。轉生之後，就魂的經驗而言確實是會增加的。就這層意義上來說，魂的確是有進化的。

此外，魂在長期的轉生過程中，是慢慢地進行進化的。在這段期間，如果中途魂突然大幅進化，那個人就會前往適合自己的靈界去。

集體遷徙到其他行星的靈人們

現在地球上的人口有六十幾億，而靈界有四百五十億人左右。在靈界眾多人口中，部分的人會到地球來。大約千年以後，靈人會集體從地球遷移到其他行星去。因為這些人在地球修行得差不多了，到其他行星去還有不同的事情值得學習。就像這樣，靈人也有集體的遷徙行動。

與此同時，現在也有許多魂從其他行星移動到地球來。他們除了到三次元擁有肉體的世界，也以靈的集團形態來到了地球。於是，有相當多的魂是在地上界獲得新的肉體，而第一次成為地球人。

近來有好幾個國家的人口激增，我不指名是哪些國家，有的離日本很近，有的距離較遠。這一類國家的人口之中，有很多是第一次到地球進行魂修行的魂，他們在體會做為地球人的感覺。

從宏觀的角度來看魂的移居、遷徙，是有助於完成魂的進化計畫的。不過，這是以集團而言的情況。若以個人而言，每個人努力的程度不同，各種心境也有不同的改變。

有人暫時會轉生為狗或貓

人類的魂寄居在人類的肉體，這是基本原則。不過也有部分例外，有時人類的魂也會棲身動物的肉體。

地獄有很多種，其中有一個地獄是「動物界」，又名「畜牲道」。

在這裡的人，外形姿態會變得和動物完全一樣。

芥川龍之介在小說《杜子春》中，描繪那個世界的居民樣貌。小說中的主角杜子春，他的雙親淪入畜牲道，成為人面馬身的樣子。

然而，其實有為數眾多的人不只身體變成動物，臉孔也跟著變了。

墮入了那樣的世界，在那裡逗留了幾百年的人，會逐漸忘了自己本來是人類，心境上也變成和動物一樣，自己也打算成為動物。由於這會讓人覺得很苦，他們想要被人供養，所以有時候也會在神社佛堂中出現。

在淪落畜牲道的人之中，也有魂在經年累月之後，怨恨或不甘之情慢慢被淨化，某種程度上來說，也可以開始進行魂的總結算。

在這些人之中，也有人幾乎失去了做為人類的尊嚴，而他們之中有一部分會棲身在人類飼養的家畜身上，進行為期一、兩年的魂修行。不過，由於這些人的內心之中還保有身為人類的意識，因此能夠體會到「人類寄居在動物肉體」這種非常奇妙的經驗。

舉例來說，有很多狗非常善解人意，有些貓狗感覺很像人類，這些動物就是被人類的魂寄居了。

為什麼會有這樣的事情呢？這是為了體驗魂以人類之姿誕生，是多麼重要的事。一旦有了變成動物的親身體驗，接著又變回人類之身，這時候才能深刻感受到「以人類之姿被生下來，是非常值得慶幸的事」。

有些向來就是身為人類的人，並不了解身為人類是值得感謝的事。這樣的人如果偶爾經歷一、兩年「棲身於動物肉體」的體驗，就能夠理解「能書寫、能說話、能自由行動」是多麼喜悅的事。只不過，淪落至此地步的人，算不上是及格的人類。

動物的魂進化為人類的魂

動物的魂之中，有的也會變成人類的魂。魂的進化如果是宇宙的一種法則，這當然是必須考慮到的事。

動物的魂也有各式各樣的境遇。當然，正如我們從外表所見，和兩棲類、爬蟲類比較起來，哺乳動物可以說靈性程度較高。而在哺乳類之中，家畜之類的動物因為「擁有人類般的感情」，牠們的靈性程度更是高一些。

老虎或獅子等貓科的野獸動物，牠們的魂進化了以後，可以變成貓。狼等同科動物，則可以轉生為狗，這是相當大的進化。

不過，動物的進化是按步就班的，不可能一口氣變成人類。野生動物要變成家畜，需經過長年的轉生，在學習人類的生活和情感的過程中，有些家畜的表現就是特別的突出。例如，電影「靈犬萊西」裡頭的牧羊犬，或者是東京澀谷車站的忠犬八公，他們是動物之中的英雄，偶爾會在人類世界出現。像這樣的動物，如果超過特定的程度，就可以進化為人類的魂。

六次元光明界的諸天善神之中，有所謂的稻荷大明神，他們掌管動物的轉生，核准、認可動物的魂是否可進化為人類的魂。魂從動物進化為人類的時候，魂的性質也就隨之改變了。

魂修行的機會大門永遠敞開

人類的魂，如果寄居在外星人的身上，那恐怕會是人類的魂至今為止完全沒有過的經驗。

外星人之中，有的是長了六隻手的、有的身高一公尺、有的則是龐然大物。棲身在這樣的軀體進行魂修行，又是一個新的體驗。雖然不知道這種魂的進化會達到什麼樣的程度，但是能獲得新的經驗則是不爭的事實。

轉生輪迴除了永遠反覆之外，魂修行的機會也是永遠都會有的。

這是我們這個世界的秘密。

第四章

最新靈界情況

1 在靈界也開始建造「幸福科學」的精舍

來自家父善川三朗榮譽顧問的靈界訊息

對於我的法話，不時可以聽到這樣的意見：「加入一些靈界的故事就比較容易理解。」因此，我想把最近所見到的靈界現象和經驗過的事情，用閒談、閒話家常的方式來談一談。

對我來說，關於靈界的事情是理所當然的，但是對正在學習佛法真理的人來說，似乎並不這麼想。我不知道一般人對靈界的關心程度如何，但還是想談談有關靈界的事。

二〇〇三年八月十二日，家父善川三朗，也就是幸福科學的榮譽顧問，他往生歸天了。此後，我和靈界之間的聯繫變得更加頻繁，並且經驗了各式各樣的事情。

剛開始，家父想從靈界傳來各種訊息，但是我告訴他：「暫時先在靈界累積一些經驗再傳達訊息給我比較好，不是嗎？」因此他就暫停捎來訊息。不過往生後三、四個月，他說：「夠了！我不要再等了。」於是從二〇〇三年十二月初左右，他開始傳來靈界的訊息，而這些內容都已結集為數冊的《善川三朗的靈言》（大川隆法著，《善川三朗的靈言——歸天說法》，一至三集，宗教法人幸福科學出版）。

在家母夢中盛裝出現的家父

家父往生之後三、四個月左右，住在故鄉四國的母親十分感嘆地說：「榮譽顧問完全沒有在我的夢中出現。」她說：「他雖然回到天上界，我卻完全沒有夢到他。過世的人通常不是會在家人的夢裡說些什麼嗎？但是他卻沒有入夢，完全沒出現在我的夢裡。實在是不可思議！他到底去哪裡了呢？」

其實，家父是「到了靈界很不錯的地方修行去了」，而且還很忙碌。

榮譽顧問往生後三個半月左右，在十二月的時候，他「終於得到了能夠將靈言傳過來的許可」，開始傳來靈言。而我把錄下來的錄音帶拷貝給人在四國的母親，告訴她「榮譽顧問說了這些話」。我把錄音帶寄了出去，之後母親告訴我，在家父傳達靈言給我時，她也正好夢見了往生的榮譽顧問。

家母的那個夢非常逼真，她說：「當時在家門口的玄關前停了一輛黑色轎車，車門啪地一聲打了開來，下車的是已經往生的榮譽顧問。他穿著繡著家紋的全套和服盛裝出現，從黑色的轎車自信滿滿地走下來，大搖大擺地踏進了玄關。」

在夢中的家父威風凜凜，「從沒看過他這個樣子」，如此盛裝打扮。家父生前從沒穿過和服禮服，因此是非常稀有的形象。

而當他走進玄關後便說：「老夫還是這麼生龍活虎，但大家卻說我已經死了，『他過世了！往生了！』還把我埋葬起來，太不像話了。老夫我還是這樣活力充沛！」他出現時就是這樣說著。

家母說：「做了這個夢的一、兩天之後，靈言的錄音帶就送來了。」

你接受到靈言和我夢見你父親，剛好是同一個時間。」

這就是心理學上所謂的「共時性」，也就是說，在完全相同的期間，彼此並沒有連絡，卻發生了同樣的事情。

在這個夢中，家父到了母親那裡向她報告：「我確實復活了喔！」他在夢中向她證明這件事。

這兩個事件，是在二〇〇三年同時發生的。

我在靈界建造中的精舍和榮譽顧問會面

接下來，是二〇〇四年一月以後發生的事。有一天深夜兩點左右，我脫離了肉體到靈界去，在靈界和榮譽顧問會面的時候，他引導我參觀在靈界進行的工作。

幸福科學的精舍，也開始在靈界建造了。雖然我去參觀，但精舍還沒有建造完成。

靈界的精舍建在五次元世界，對象是一般的信徒。它座落在平坦的丘陵上，四周彷佛像草原一般長滿了青草。在這樣的環境之中，有兩棟很大的精舍正在建造，有些地方和地上界的某個精舍很類似，有些地方又和地上界的精舍不一樣。

兩棟精舍併排著，其中一棟位於比較高的地點，兩棟建築之間有走廊相連。

這座走廊是以水泥為基底，用白色的建材打造而成。從外面可以看見的部分，從中央到上面是用刻著圖案的玻璃之類的建材相隔。

靈界中的精舍已經完成的部分，只有連接兩棟精舍的走廊，整體來說還沒有建造完畢。

我在那個走廊和榮譽顧問見了面、說了話，但是提出問題的卻是他。

他說：「在靈界建造了幸福科學的精舍，可以舉辦研修活動，但是總裁只顧著三次元世界的事，在靈界精舍的研修，詳細內容都還沒有確定。」

的確，我完全沒考慮到這方面。他又說：「因此，這裡就算建了精舍，卻不知道該做什麼才好。關於研修的儀式程序和詳細內容都還沒決定。」我過去並不太去設想過世之人的事情，但是，的確，我想這些事情必須要採取行動了。

接著，榮譽顧問又說：「在地上界，各個精舍都在舉行各式各樣的研修，但在靈界，應該舉行哪種研修才好呢？這裡是個沒有肉體的世界，和地上界是不同的！總裁不做決定的話，我們就不能行動，不是嗎？現在，精舍尚未完成，研修的信徒還無法來這裡。然而精舍完成以後，若要開始進行研修時，該怎麼辦才好呢？」

雖然我們是在走廊下站著閒聊，但榮譽顧問卻問了我這樣的問題。

在靈界終於也開始精舍研修

榮譽顧問進一步說：「建造了這麼大的精舍，但是誰來經營呢？只有老夫和接著要來的前本會講師，作家K．T先生和演員N．K先生而已吧？他們兩人都還沒有變成天使，雖然背上已長了翅膀，蠢蠢欲動，但都還在修行當中。加上他們，由我們三個人一起安排研修活動，再怎麼說都讓人放心不下。在經營方面也讓人很擔心，他們的傳道說法，我想也還不成氣候，這裡的教材也不夠。該怎麼辦才好呢？」

要讓靈界的研修體制達到完備，必須等到現在的講師群上了年紀、歸天以後才有可能。這大概還要需要二十年的時間。我說道：「這段期間，因為實在沒辦法，當這些信徒回到靈界後，你可以和他們閒話家常。就算無法研修，喝茶聊天不也是可以嗎？」說完後，榮譽顧問露出非常不滿的神情。

榮譽顧問是一位完美主義者，所以他覺得：「因為研修體制不完整，信徒來了的話會很麻煩。」

這麼一來，就只有在靈界進行「回峰行」了。「請在精舍稍微休息一下，等會兒請到山上走走。」如果不這樣做，也沒有其他辦法可行。

精舍的建設進度，雖然建築的外觀差不多完工了，但是禮拜堂還沒有建好，備有宿舍的兩棟建物和走廊已經完成了。

接下來，只有請在靈界的高級靈團成員來擔任講師了。

就算在靈界，剛開始進行的事情也會發生種種困擾，例如：「怎麼樣才能讓研修體制完備，要怎麼經營才好呢？」

在三次元世界的人類，對於靈界的研修是很難參與討論的，但由於幸福科學是新的組織，於是會產生「聘請以前的人、遵循從前的作法，如果過於任意行事的話也很麻煩」的問題。

由於講師群不夠，因此回到靈界的人們，我想，暫時就享受靈界的風光美景，同時也可以觀察三次元世界的情況，悠閒地過日子也很好吧！

再過二、三十年，當靈界到處都有幸福科學精舍時，我想就可以開始好好地研修了。

這些事情，我是因為榮譽顧問的關係而體驗到的。

2 決定地上界流行趨勢的「美的女神」

在水晶山上欣賞到美的女神們的舞蹈

同年（二〇〇四年）一月的另外一天，我前往靈界的某一座山上去。

那時候擔任嚮導的，是一位禿了頭、蓄著白鬍鬚，拄著拐杖的老先生。我猜想他應該是德國的靈人，在他的嚮導下，我們朝山路邁進。

走了不久之後，這座山逐漸變成水晶之山。山路的兩側有許多六角錐形、前端稍微尖尖的水晶，取代了樹木生長在山上。

我們往山上走，途中有類似休息站的地方，老人對我說：「進去用餐吧！」於是我們就到裡頭去。我以為這裡應該是在德國的靈界附近，有時有可愛的小矮人出現，端出燉肉等食物來招待我們。

稍作休息之後，我們再走一小段路，整座山就完全變成水晶山了。這整座水晶之山，這兒那兒，顏色變幻無窮。

走進山谷的窪地時，我正忖思著：「這裡到底是怎樣的世界呢？我第一次來到這種地方。」這時候，出現了四位美女，開始跳起舞來。如果是在古代，可以說她們是以天女之姿跳著「天女之舞」，但是眼前這些女性卻不是古代的模樣，而是穿著現代的服裝。四位女神頗有巴黎時裝週般的時尚感，身穿新裝登場。

她們說：「我們是美的女神。」的確，四人之中，我確信有一位是阿芙洛蒂，另外三位我則不知道她們的身分。

四位女神穿著各式服裝翩然起舞。每一轉圈，衣服顏色就變了。例如，本來身穿黃色的服裝，咻地轉了一圈後，衣服就變成了淺藍色、粉紅或紫色，轉眼間顏色變幻莫測。四位女神在舞蹈時變化著不同色彩。在她們的周遭豎立許多樹木、柱子般的水晶，只要女神的服裝一變色，色彩映照在水晶之林，水晶的色彩也跟著變化，四周的景色也瞬息萬變。

這真是言語無法形容的美景。我想：「竟然也有這種五彩繽紛的世界啊！」隨著舞者衣裳的色彩變化，互相產生影響。此外，舞蹈的姿態映在水晶之林，可以看見透明的水晶染上五彩繽紛。在人間無法呈現的不可思議的色彩，都在這顯現了。

美的女神之世界，和地上界的精品名店相通

我為此美景讚嘆不已。不久後，我問道：「這裡到底是什麼樣的世界呢？」她們回答說：「這裡是美的女神之世界。」

這一點，我是看得出來的，於是問道：「這個世界具有什麼樣的功能呢？」其中一位女神說：「那麼就讓我來說明吧！」

據她所說，那個被水晶包圍的窪地，也就是舞蹈的場地，其實是和地上界的各個場所相通的。「讓我們通往那裡去吧！」她說道。當窪地和地上界連接起來時，地上界的許多地方會有出口連接著。我從某個出口走出去，那裡是一家大飯店。

在飯店裡，有很多名牌精品店，例如，香奈兒、愛瑪仕等等。店裡陳列著美麗的服裝、圍巾、香水、戒指等等珠寶。這麼漂亮時髦的店，

在飯店裡是很常見的，而我卻是從美的女神之世界通往飯店裡的名店。

和美的女神的世界相通的飯店有好幾家，其中也有我知道的飯店。美的女神之世界，是和外國或日本的飯店都有的高品味時尚名店相通的。到了那裡時，我感到非常驚訝：「噢！竟然也有這樣的出入口啊！」

在《愛宛如風》（一至四冊，大川隆法著，幸福科學出版發行）一書中，關於〈美人魚〉這個世界童話，我寫道：「在人魚的世界，可以由那裡的湖泊游到世界各地的海洋。」而從美的女神之世界，則可以通往飯店的時髦精品名店。美的女神們會指導大家什麼是「美」，她們宛如美的大使一樣到那些店裡去，我想「她們是在這裡接觸地上界吧！」

我參觀了好幾家大家都知道的精品名店。

不過，我看到的都是外國的精品店。或許也有通往日本的名牌精品店，但是當時我看到的，全部都是外國的美的相關名店。

這對我來說是初次經驗。美的女神們，她們以這樣的形式自由出入地上界，指導這個世界。

雖然那時候我沒有跟她們確認，不過，我想她們的世界也和設計師、時裝模特兒等所在之處相通吧！於是我知道，在靈界也有人以這樣的方式在工作。

美的女神們舞蹈時所穿著的服裝，並非天女的羽衣，而是具有巴黎時尚風格的新裝。她們傳達的是美的概念，而地上界的人接收到這樣的訊息之後，便創造出各式各樣的時尚吧！

「今年的流行就是這個！今年我想讓這樣的東西流行。」我想，這樣的念波，就是從這裡傳達出去的。地上界在接受到這個念波後，就流行起各種風格和時尚。

我不禁覺得「美的女神之世界」是一個非常特別的地方。
尤其是「色彩同時改變，互相造成影響」這樣的色彩感十分珍奇，讓我感覺「竟然也有這樣的世界啊」。
雖然那時我並沒有意識到香味，但我猜想也可能有香味系統的靈界吧！使用各種香味製造香水的世界，應該也是存在的。

3 我被奉為太陽神

造訪位於印度靈界的「須彌山」

此外，就在同一個月，我也到了不同的靈界去。

那天我經歷了到目前為止，我的體外脫離、幽體脫離經驗之中飛翔速度最快的一次。在發出一陣聲響後，我感覺到自己一直不斷上升，我心想：「今天飛翔的速度真是驚人哪！到底會去哪裡呢？」不久後，就看見了一座大山。

就我的印象而言，它像是喜馬拉雅山一般雄偉，不過稍微細長而且更高一些。喜馬拉雅山雖然很高，但它是一座扇形高山，而眼前這座山卻不是如此，而是細長而高聳的山。雖然我並不清楚它的高度到底多高，但山的下半部卻沒有那麼寬廣，而是比較狹窄，它是一股作氣往上拉高的。

當我回過神來的時候，我正沿著山壁垂直往上飛。我在呼嘯飛行的同時，一面忖思：「這座山相當的高啊！到底是什麼山呢？」此時靈人對我說明：「它就是那座有名的須彌山。」

自古以來即有傳說指出「印度有座須彌山」，不過，在這個世界是沒有這座山的。在這個世界，印度的周遭只有喜馬拉雅山和崑崙山脈，一般人會以為須彌山是指在那附近的一座山。不過事實並非如此，須彌山是存在於靈界的山。

須彌山是非常高的尖山，雖然山頂沒有皓皓白雪，但是感覺上它的高度不只一萬公尺，似乎是更為崇高的山。

在我往上飛翔的途中，我數度看到雲層好像被劃分為同心圓的景象，這是因為須彌山的各個地區都有眾神居住之故。

整體而言，那裡顯然是印度的靈界，因此我和許多印度有名的神見了面，有些是我不曾聽聞的神，也有我所知道的神，他們分散各處，於是我到各個地方和他們打招呼、說說話，覺得又往上提升了一個層次。

就像這樣，我慢慢地往上飛去。

來自印度諸神的祝福

我越飛越高，往山頂飛去，終於再也無法往上了。我想：「這裡是不是頂點了呢？接來要怎麼辦才好呢？」這時候，須彌山的山頂正在舉行表揚典禮之類的儀式，而由我接受來自印度靈界的表揚。

首先，他們給我一件印度的服裝，底色是茶綠色，上面摻雜著些許黃色、紅色，我記得配色是以原色為主。我穿上了這件服裝，上面裝飾著薄荷之類的東西。不久後就舉行了加冕的儀式，他們為我戴上王冠般的頭飾，我沒有辦法看到自己的樣子。不久後，他們更賦予我一支鑲嵌了寶石的權杖。

後來我問道：「這到底是怎麼回事呢？」他們答道：「你被認定是印度靈界諸神中最偉大的神。」由於我不太記得印度的事，「這麼說來，也有印度靈界，印度諸神的世界這樣的世界啊！」然而，我還是被認定為「印度的諸神世界中最偉大的神」，而接受印度諸神的祝福。

以印度的印度教來說，佛陀是印度教的諸神之一。毘濕努神可以變身十種樣貌，而佛陀就是其中之一，可以說是毘濕努神的分身。

就像這樣，「佛陀是毘濕努神的一個化身，在印度，有許多神和佛陀一樣偉大，佛陀也是那些諸神之中的一人。」原則應該是如此，然而這次他們認定了「在印度靈界的諸神之中，我站在最高點上。」

這時候，他們唸出我的名字，但是並不是「愛爾康大靈」，而是一個不一樣的名字。我已經記不起那個名字，然而這個經過印度諸神禮讚的名字，翻譯後其意思就是「太陽神」（因此我想大概是「Surya」）。

這個名稱可能是得自在須彌山頂上的太陽的印象吧，我記得這名字是稱謂站在印度靈界頂端的人，詠讚太陽神的形象。

這樣的經驗很少有，我認為是相當吉利的經驗，印度的諸神應該也非常注意我吧。幸福科學的支援靈之中，幾乎沒有來自印度的諸神，然而我在前世也和印度有淵源，而接受了那樣的表揚。

4 給予靈界影響的世界傳道

幸福科學的靈界從現在開始形成

就像這樣，靈界是不可思議的地方。在靈界，許多被稱為佛、神和高級靈的人們都住在這裡。

他們經歷了過去數千年、數萬年，在許許多多地方發起了宗教，或者積極從事其他工作。畢竟，靈界也有種種的宗教世界。過去在地上界指導人們的人，也還在靈界指導信仰自己的宗教的人們，而建造起一個個村落或城市。

幸福科學是新興的宗教，過世的信徒人數極少，因此幸福科學的靈界現在才要開始形成。

在地上界擁有信仰，意味著簽下了一紙契約。在地上界信仰某個宗教，死亡之後，就會到那個宗教建造的靈界去。

而和那個宗教靈界相關的佛、神和高級靈，也會在死後的世界指導信眾。他們在那個世界照顧信徒，甚至指導信徒接下來的轉生計畫等等。

就像這樣，在那個世界，某種程度上也根據靈界的磁場而有所區別，大體上是在那個靈界之中進行輪迴轉生。

但最近由於世界的國際化，各個靈界也產生相互聯繫的傾向。

就幸福科學來說，我們跨足世界和各個地域相互連繫，因此在靈界之中也漸漸打開了知名度。

幸福科學必須和各地聯繫，以完成本來的使命。在印度靈界受到認可，在最近的將來也必須受到中東和非洲等地的靈界認可才行。畢竟，在這些地區必須具有我們的指導原理。

亞洲各國的靈界，或許比較早就認可了我，但在歐美的靈界，則還需要長期的累積，所以我想可能還要花一些時間。

世間與靈界同時進行變化

現在，幸福科學在這世間建造了各種建築、進行傳道工作，推廣我們的教義，而幸福科學在靈界也陸續擴展當中。

在靈界，歷史上相隔數百年、數千年的人們，以各種形態居住在這裡，因此要讓這些人們吸收新的東西，是非常困難的事情。

不過，這個世界和靈界，是頗為相關、連動的，是在同時變化之中的。

平安時代的惠心僧都源信著有《往生要集》，其中記載了靈界的故事，並包含許多地獄圖繪。但現在，靈界已經不像他所描述的那樣了。由於很多現代人回到了靈界，創造了新的靈界，因此靈界也產生相當多的變化。由於新的靈界、新的村鎮陸續誕生，附近的靈界看見這個光景，也開始產生變化。

就像這樣，靈界現在正陸續發生各種形態的改變。

由於幸福科學還是以日本為活動中心，主要還是以日本的靈界為中心，但是就認知的層面上，我們也必須擁有世界級的認知。在靈界，有許多是以國家、民族的層次來建造的狹隘靈界，而現在我們要給這樣的靈界帶來衝擊，陸續引發不小的震撼。

幸福科學現在正在進行海外傳道與國際傳道，在海外我們成立了支部，出版了許多書籍的譯本，幸福科學的真理正在推廣之中。只要擴展到一定的程度，在那個地區也會產生幸福科學的靈界。

具體來說，要擴展到怎樣的程度才能產生幸福科學的靈界呢？這是無法說明的。不過一旦信仰的人數達到某種程度，那個地域的幸福科學的靈界就能誕生。

幸福科學不但在這個世界傳道，在靈界的傳道工作也開始了。

例如：我們在地上界信仰基督教的地區進行傳道，某種程度上來說，幸福科學的信徒組織成立之後，在靈界也會產生相應的組織。如此一來，基督教的靈界之中，也會有與幸福科學的原理產生共鳴的靈人們前來，而地上界的信徒組織中有人過世的話也會來這裡。就這樣，幸福科學的範圍就會逐漸擴大。

諸如此類的事情，在靈界的各地都在逐漸發生。

在本章的第二節，我提到「美的女神之世界，可以通往這個世界的飯店裡的精品名店等地」。若在靈界幸福科學的本體部分所在之處，形成了一個很大的靈界，而在世界各地也建立了幸福科學的支部和精舍，於是我們就可以自由地前往那裡，幸福科學就更加擴展了。

就這個意義上而言，是非常令人欣喜的事。

進行宗教文化的革新

我的使命除了進行「世間的宗教現代化」，還有一項就是推動「靈界的現代化」。

以兩、三千年前或更久以前的宗教為基礎，產生了許多靈界觀，以及許多這個世界的生活形態和文化。我具有的重大使命，就是把這些老化的宗教、文化，以新的東西來取代，進行靈界及這個世界的宗教文化的革新，把它改變為符合新的生活的宗教文化。

近代以來，有一種思想潮流認為：「人類必須脫離教會，也就是說，要脫離由教會決定一切的世界，轉向以科學做為突破點的合理主義世界。只要我們離宗教愈遠，就愈能達成近代化、現代化。」這種思潮認為「宗教是古代的東西，科學是近代的產物」。

不過，事實並非如此。幸福科學是結合了新時代的生活形態所創的宗教形態、宗教文化，融合了宗教與科學。

因此，不論在這個世界或靈界，應該革新的地方就必須革新不可。我希望大家明白，幸福科學就是擔負這樣的使命而努力的。

信仰宗教並不是重返古代。

我曾多次提到，伊斯蘭教必須進行一些改變，印度也是如此。在印度，古代的宗教勢力過於強勢。古代的宗教如果食古不化，國家的現代化就會窒礙難行。

在印度，有許多人祭拜象頭的gane-sha神，也有崇拜linga的性器信仰。就日本而言，古代的信仰也有相近的東西，例如：蛇神信仰和神社的「木之叉」信仰，這樣的事情至今仍屢見不鮮。

如果我們認為宗教就是這樣的事情，那就錯了。因此我認為，我們必須教導大家「新的宗教形態」的存在。

就這個意義上來說，我希望請大家知道：「進行傳道，拓展幸福科學的宗教範圍，這樣的事情能在各個地方發揮意想不到的綜合性影響。」

幸福科學現在也對靈界帶來衝擊，產生了變化。我希望大家明白

「世間和靈界是互相影響的」。這個世界的人類的工作可以改變靈界，這個世界創造了什麼樣的事物，靈界也連帶地跟著改變。

如果大家能接受這樣的認知，那就非常值得慶幸了。

後記

本書的內容想必很令人驚奇吧，可能會令許多人認為難以置信。不過，本書的內容並非虛構捏造。事實就是事實，真實就是真實。大家在死亡之前，都必須閱讀本書才好。不，應該盡可能在人生早期階段，就要把本書閱讀完畢。身為人類，為了要過著正確的生活方式，也必須要知曉本書的內容。

如果能配合閱讀我的著作《永恆的生命世界》與《信仰之勸導》（幸福科學出版），更能深刻理解本書內容。

我以人類教師的身分，又在這個世界接受了天命。我永遠相信，這個真實的教誨，一定會傳達到大家那裡去。

二〇〇六年三月

幸福科學集團創立者兼總裁　大川隆法

HAPPY SCIENCE

幸福科學集團介紹

幸福科學透過宗教、教育、政治、出版等活動，以實現地球烏托邦為目標。

幸福科學

一九八六年立宗。信仰的對象為地球靈團至高神「愛爾康大靈」。幸福科學信徒廣布於全世界一百多個國家，為實現「拯救全人類」之尊貴使命，實踐著「愛」、「覺悟」、「建設烏托邦」之教義，奮力傳道。

愛

幸福科學所稱之「愛」是指「施愛」。這與佛教的慈悲、佈施的精神相同。信眾透過傳遞佛法真理，為了讓更多的人們能度過幸福人生，努力推動著各種傳道活動。

覺悟

所謂「覺悟」，即是知道自己是佛子。藉由學習佛法真理、精神統一、磨練己心，在獲得智慧解決煩惱的同時，以達到天使、菩薩的境界為目標，齊備能拯救更多人們的力量。

建設烏托邦

我們人類帶著於世間建設理想世界之尊貴使命，而轉生於世間。為了止惡揚善，信眾積極參與著各種弘法活動。

入會介紹

在幸福科學當中，以大川隆法總裁所述說之佛法真理為基礎，學習並實踐著「如何才能變得幸福、如何才能讓他人幸福」。

入會

想試著學習佛法真理的朋友

若是相信並想要學習大川隆法總裁的教義之人，皆可成為幸福科學的會員。入會者可領受《入會版「正心法語」》。

三皈依誓願

想要加深信仰的朋友

想要做為佛弟子加深信仰之人，可在幸福科學各地支部接受皈依佛、法、僧三寶之「三皈依誓願儀式」。三皈依誓願者可領受《佛說・正心法語》、《祈願文①》、《祈願文②》、《向愛爾康大靈的祈禱》。

幸福科學於各地支部、據點每週皆舉行各種法話學習會、佛法真理講座、經典讀書會等活動，歡迎各地朋友前來參加，亦歡迎前來心靈諮詢。

台北支部精舍
台北市松山區敦化北路 155 巷 89 號

幸福科學台灣代表處
台北市松山區敦化北路 155 巷 89 號
02-2719-9377
taiwan@happy-science.org
FB：幸福科學台灣

幸福科學馬來西亞代表處
No 22A, Block 2, Jalil Link Jalan Jalil Jaya 2,
Bukit Jalil 57000, Kuala Lumpur, Malaysia
+60-3-8998-7877
malaysia@happy-science.org
FB：Happy Science Malaysia

幸福科學新加坡代表處
477 Sims Avenue, #01-01, Singapore 387549
+65-6837-0777
singapore@happy-science.org
FB：Happy Science Singapore

國家圖書館出版品預行編目(CIP)資料

靈界散步：步向光彩絢麗的新世界／大川隆法作；幸福科學經典翻譯小組翻譯. -- 初版. -- 臺北市：台灣幸福科學出版，2021.1
224 面；14.8×21公分
譯自：靈界散步：めくるめく新世界へ
ISBN 978-986-99342-7-5（精裝）

1. 新興宗教　2. 靈界

226.8　　109022007

靈界散步 步向光彩絢麗的新世界

霊界散歩 めくるめく新世界へ

作　者／大川隆法
翻　譯／幸福科學經典翻譯小組
主　編／簡孟羽、洪季楨
封面設計／Lee
內文設計／黛安娜

出版發行／台灣幸福科學出版有限公司
104-029 台北市中山區中山北路三段 49 號 7 樓之 4
電話／02-2586-3390　傳真／02-2595-4250
信箱／info@irhpress.tw
法律顧問：第一法律事務所　余淑杏律師

總 經 銷／旭昇圖書有限公司
235-026 新北市中和區中山路二段 352 號 2 樓
電話／02-2245-1480　傳真／02-2245-1479

幸福科學華語圈各國聯絡處／
台　灣　taiwan@happy-science.org
地址：台北市松山區敦化北路 155 巷 89 號（台灣代表處）
電話：02-2719-9377
官網：http://www.happysciencetw.org/zh-han

香　港　hongkong@happy-science.org
新 加 坡　singapore@happy-science.org
馬來西亞　malaysia@happy-science.org

書　號／978-986-99342-7-5
初　版／2021 年 1 月　初版一刷
定　價／380 元

廣告回信
台北郵局登記證
台北廣字第5433號
平信

IRH Press Taiwan Co., Ltd.
台灣幸福科學出版有限公司

104-029 台北市中山區中山北路三段49號7樓之4
台灣幸福科學出版　編輯部　收

請沿此線撕下對折後寄回或傳真，謝謝您寶貴的意見！

靈界散步

步向光彩絢麗的新世界

台灣幸福科學出版有限公司

靈界散步
讀者專用回函

非常感謝您購買《靈界散步》一書，
敬請回答下列問題，我們將不定期舉辦抽獎，
中獎者將致贈本公司出版的書籍刊物等禮物！

讀者個人資料　　**※本個資僅供公司內部讀者資料建檔使用，敬請放心。**

1. 姓名：　　　　　　　　　　性別：□男　□女
2. 出生年月日：西元　　　　年　　　　月　　　　日
3. 聯絡電話：
4. 電子信箱：
5. 通訊地址：□□□-□□
6. 學歷：□國小 □國中 □高中／職 □五專 □二／四技 □大學 □研究所 □其他
7. 職業：□學生 □軍 □公 □教 □工 □商 □自由業□資訊 □服務 □傳播 □出版 □金融 □其他
8. 您所購書的地點及店名：
9. 是否願意收到新書資訊：□願意　□不願意

購書資訊：

1. 您從何處得知本書的訊息：（可複選）□網路書店　□逛書局時看到新書　□雜誌介紹
□廣告宣傳　□親友推薦　□幸福科學的其他出版品　□其他
2. 購買本書的原因：（可複選）□喜歡本書的主題　□喜歡封面及簡介　□廣告宣傳
□親友推薦　□是作者的忠實讀者　□其他
3. 本書售價：□很貴　□合理　□便宜　□其他
4. 本書內容：□豐富　□普通　□還需加強　□其他
5. 對本書的建議及觀後感
6. 您對本公司的期望、建議…等等，都請寫下來。

IRH Press Taiwan Co., Ltd.
台灣幸福科學出版有限公司